KB234798

노동을
보는 눈

노동을 보는 눈

2012년 12월 7일 초판 1쇄
2018년 11월 30일 초판 4쇄

지은이 | 강수돌

편   집 | 김희중, 이민재
디자인 | 산들꽃꽃

제   작 | 영신사

펴낸이 | 장의덕
펴낸곳 | 도서출판 개마고원
등   록 | 1989년 9월 4일 제2-877호
주   소 | 경기도 고양시 일산동구 호수로 662 삼성라끄빌 1018호
전   화 | (031) 907-1012
팩   스 | (031) 907-1044
이메일 | webmaster@kaema.co.kr

ISBN 978-89-5769-142-7 (03330)
ⓒ강수돌, 2012. Printed in Seoul, Korea.

책값은 뒤표지에 표기되어 있습니다.
파본은 구입하신 서점에서 교환해 드립니다.

blog.naver.com/kaema1989

이 도서의 국립중앙도서관 출판시도서목록(CIP)은
e-CIP 홈페이지(http://www.nl.go.kr/ecip)와 국가자료공동목록시스템
(http://www.nl.go.kr/kolisnet)에서 이용하실 수 있습니다. (CIP 제어번호: CIP2012005590)

강수돌 지음
노동을 보는 눈
일하지 않아도 좋아!?
1등 노동자만 대접받는 세상
우리가 하는 노동, 우리가 하고 싶은 노동
직장에서의 당근과 채찍
노동자가 귀족이라고?
최저임금의 명암
우리는 언제부터 돈을 받고 일하게 됐을까?
마음대로 해고할 자유 VS 마음 편히 일할 자유
노동자와 기업의 끝나지 않는 싸움
노동자가 시장을 투표로 뽑을 때
도대체 파업은 왜 하는 걸까?
세계화, 절망의 노동과 희망의 노동
개마고원

차 례

노동을
어떻게
볼 것인가

자동차를 타면 대개 '내비'에 목적지를 찍고 출발한다. 특히 그 길이 낯선 길이면 내비는 매우 유용하다. 그런데 과연 우리는 인생의 내비를 제대로 찍고 인생의 길을 가고 있는 걸까? 인생의 내비에 목적지를 찍는다면 과연 뭐라고 입력할 것인가? 아무래도 '행복'이라고 찍지 않을까? 그런데 사실 행복은 목적지에 도달해야만 얻을 수 있는 것이 아니라 길을 가는 과정에서도 얻을 수 있다. 행복한 길을 가는 과정 그 자체가 인생의 목적인 행복을 실현하는 것일 때 우리 인생은 그야말로 멋진 인생이 될 것이다.

그런 인생의 길에서 빼놓을 수 없는 것이 바로 노동이다. 일을 하지 않으면 당장 끼니를 이을 수 없고 길을 걸어갈 힘도 생기지 않을 것이다. 그래서 사람들은 늘 열심히 일하고 열심히 경제를 성장시켜서 모두 부자가 되자는 말을 자연스럽게 받아

들인다. 그렇게 되면 행복할 것이라고 믿으며 말이다.

그런데 이런 질문을 한번 던져보자. 과연 노동을 해서 생산을 많이 한다고, 경제 성장이 이뤄진다고 사람들이 행복해질까? 예컨대 1960년대 초와 2010년대 초를 비교해보면 1인당 국민소득이 약 80달러에서 2만 달러로 250배 증가했다. 그러나 우리의 행복도가 과연 250배 증가했을까? 그 정도는커녕 25배는 증가했을까? 아니면 거꾸로 스트레스가 25배 증가하진 않았을까?

바로 이런 문제를 1974년에 리처드 이스털린 교수가 한 논문에서 살피고 "생산이 증가한다고 국민이 행복하다고 볼 수는 없다"는 '이스털린의 역설'을 주장한 바 있다. 세계 전체적으로 보아도 국민들이 가장 행복하다고 느끼는 나라 중에는 가난한 나라들이 많다. 반면에 가장 잘 사는 미국이나 일본 등의 국민은 그 행복도가 생각보다 높지는 않다. 결국, 우리가 많이 노동한다고 해서, 그리하여 많이 생산하고 많이 성장한다고 해서 결코 저절로 행복해지는 것은 아님을 알 수 있다.

같은 가르침은 이런 이야기 속에서도 나온다.

머리카락이 희끗희끗해진 어느 재벌급 회장이 도시에서 돈을 많이 버느라 산전수전 겪은 뒤 금의환향하여 고향 마을로 내려갔다. 모든 스트레스로부터 떠나 여생을 편히 보내기 위해서다. 그는 가벼운 마음으로 낚싯대를 메고 강가로 나갔다. 강가에는 허름한 옷을 입은 한 젊은이가 낚싯대를 평화롭게 드리우고 있었다.

노인이 말을 걸었다. "여보게, 젊은이, 반가우이."

청년이 인사한다. "아, 네…, 안녕하세요? 근데 잘 뵙지 못하던 분 같은데…."

노인이 답했다. "그렇지. 나는 원래 이 마을에서 태어나고 자랐네만, 자네만 할 때 도시로 나갔다가 이번에 한 40년 만에 고향으로 다시 돌아왔구먼."

젊은이가 물었다. "아, 그러셨군요. 근데 도시에서 뭐 하셨어요?"

노인이 당연한 듯 말했다. "아, 도시로 가야 돈을 많이 벌 수 있지. 처음엔 작은 회사에서 일하고 나중엔 내 회사를 차려서 일했지."

청년이 물었다. "그래서 어떻게 되었어요?"

노인이 답했다. "그래서 작은 회사를 점점 키웠지. 그 과정에서 내가 한 고생은 책으로 써도 못다 쓴다네. 아이고, 생각만 해도 끔찍해…."

청년이 되물었다. "그래서요?"

노인이 말을 이었다. "그렇게 뼈 빠지게 하다 보니, '고생 끝에 낙이 온다'고, 이제 큰 재벌도 부럽지 않을 정도가 되었다네. 그래서 이제는 모든 걸 정리하고 좀 조용히 살려고 내려온 것이라네. 이렇게 낚시도 좀 하면서 말이야. 최근엔 내가 마을 저편 양지 바른 곳에 집을 하나 멋지게 지었지. 하하."

이 말에 청년이 답했다. "어르신, 저는 어릴 때부터 쭉 그렇게 살고 있는 걸요."

그렇다. 행복은 주관적인 것이고 과정적이다. 그런데 노인은 '고생 끝에 낙이 온다'는 믿음으로 과정 중심이 아닌 결과 중심적으로 살아왔다. 그리고 돈과 물질이라는 객관적 조건만 잘 갖추면 행복할 것이라 믿었다. 그렇게 조건을 갖추는 데 약 40년이 걸렸다. 그러나 젊은이는 어릴 적부터 하루하루의 일상 속에서 행복을 찾고 있다. 필요한 만큼만 일하고 필요한 정도만 쓰면서 인생을 음미한다. 목적을 위해 노동을 하는 삶과 노동 자체에서 행복을 느끼는 삶, 어느 편이 더 행복한 삶인가? 과연 우리는 노동과 어떤 관계를 맺으며 살 것인가?

살기 위해 일하나, 일하기 위해 사나

물론, 우리는 누구도 노동 없이는 먹고살 수 없다. 이야기 속의 젊은이도 삶을 살기 위해서는 노동을 해야 한다. 쌀이나 밀, 과일이나 채소를 생산하는 일도 노동이요, 옷이나 신발, 집을 만드는 일도 노동이다. 심지어 어린 아이를 돌보는 일이나 노인을 보살피는 일도 노동이다. 이렇게 우리는 노동이 없다면, 즉 노동하는 사람이 없다면 우리의 삶을 이어나갈 수 없다. 노동, 그리고 노동자는 인간 생활에서 일종의 필요조건이다.

우리가 밥(음식)을 먹기 위해서는 그 밥(음식)을 만드는 노동이 있어야 한다. 쌀을 만들기 위해서는 농민이 논에다 모를 심고 벼를 키워 나락을 수확해서 방아를 찧어야 한다. 또 그 쌀이 밥이 되기 위해서는 누군가가 쌀을 씻고 밥솥에 올리는 가사 노동을 해야 한다. 이 모든 것이 노동이다. 이와 같이, 노동은 인간 삶을 부단히 재생산하는 데 필수불가결한 요소이자 행위이다.

그런데 이 노동에도 두 가지 측면이 있다. 하나는 생계 활동의 측면이고 다른 하나는 생명 활동의 측면이다. 생계 활동의 측면이란 먹고살기 위해 반드시 해야만 한다는 점을 말한다. 반면에 생명 활동의 측면이란 인간이라는 생명체는 뭔가 활발히 움직여 창조하고자 하는 내면의 에너지를 갖고 있다는 점을 말한다. 이것은 마치 우리 삶이 생물학적인 측면과 함께 사회적인 측면을 동시에 갖고 있는 것과 마찬가지라고 할 수 있다.

시야를 넓혀 역사적으로 길게 보자면, 이제까지 모든 인간 사회에서는 이 생계 활동의 측면과 생명 활동의 측면이 동시에 존재해왔지만, 과거로 갈수록 생계 활동의 측면이 더 강했고, 미래로 갈수록 생명 활동의 측면이 더 강해지는 경향이 있다. 그것은 한편으로 생산력의 발전과, 다른 편으로는 생산관계의 변동과 연관이 있다. 즉, 생산력이 발달할수록 인간의 삶이 생계 활동에 얽매이기보다는 생명 활동을 할 수 있는 여유가 생긴다. 과거의 농민은 하루 종일 논밭에서 일해야 했으나 생산력이 발달하면서 하루에 서너 시간만 일해도 충분하다. 나머지 시간엔 자신이 하고 싶은 공부나 취미 활동, 사회 활동을 할 수 있다. 한편, 생산관계에 따라서도 생계 활동의 비중과 생명 활동의 비중이 달라지기도 한다. 예컨대 노예나 농노로 있을 때는 하루 종일 생계 활동에 얽매인 삶을 살았으나 자유로운 신분이 됐을 때는 정해진 노동시간에만 생계 활동을 하고 나머지 시간엔 생명 활동, 즉 자신이 하고 싶어 하는 일을 할 수 있다.

요컨대, 노동은 인간 사회에서 그 삶을 계속 이어나가기 위해 하는 꼭 필요한 활동(생계 활동 및 생명 활동)이라 할 수 있다.

돈을 버는 사람, 사람을 부리는 돈

한편, 돈벌이 경제를 핵심으로 하는 오늘날의 자본주의 사회, 즉 '돈을 사용해서(투자) 돈을 버는(이윤)' 사회에서 노동은 일정한 돈을 투자한 자본이 더 많은 돈을 벌 수 있도록 적극 도와주는 역할을 한다. 일하는 사람들, 즉 노동자들이 의욕적이고도 능률적으로 노동을 해야만 자본은 투자한 이상의 수익을 올려 자기 몸집을 불려 나갈 수 있다.

인류가 문명을 이루며 산 것은 약 1만 년 전이다. 그 1만 년의 역사에서 오늘날과 같은 자본주의 돈벌이 경제가 사회를 주름잡기 시작한 것은 길게 보아 700년, 짧게 보아 300년이다. 즉,

자본주의 사회는 인류 역사의 3~7%밖에 되지 않는다. 그 나머지 93~97%의 인류 역사는 자본주의 사회가 아니었다. 바로 여기서 흥미로운 결론을 하나 얻는다. 그것은 인류는 그동안 자본 없이도 살아 왔다는 점이다. 물론 이 말이 인류가 늘 행복하게 살았다는 뜻은 아니다. 오히려 자연재해나 전쟁, 굶주림, 억압과 폭력 등 온갖 삶의 위험들과 맞서 싸우는 과정이었고 또 그를 하나씩 극복하는 과정이기도 했다.

그런데, 자본주의 사회는 어떤가? 자본주의 사회는 돈을 투자해 기계나 원료, 노동력을 산 다음, 그들을 적절히 조합해 물건을 만들어 팖으로써 더 많은 돈, 즉 이윤을 벌어들이는 시스템이다. 그렇지만 기계나 원료만으로는 돈을 벌 수 없다. 인간이 일해야만 한다. 설사 100% 기계나 로봇만 있는 '무인 공장'이라 하더라도 단추를 누르거나 시스템을 관리하는 노동자가 있어야 한다. 그렇지 않으면 공장 자체가 작동되지 않거나 작동하다가 작은 고장이라도 나면 완전히 멈춰버릴 것이다. 바로 여기서도 흥미로운 결론이 또 하나 나온다. 그것은 자본주의 사회는 인간(노동력 그리고 구매력) 없이는 굴러가지 못한다는 점이다. 노동력을 맘껏 발휘하는 노동자가 있어야 자본이 원하는 상품을 만들 수 있고, 또 그 노동력을 가진 사람들이 소비자의 모습으로 상품들을 사주어야 자본의 돈벌이 시스템이 잘 돌아가기 때문이다.

자, 이제 앞의 흥미로운 두 결론을 종합하면 이렇다. 인류는 자본 없이도 95% 내외의 역사를 잘 살아왔지만, 인류 역사 중 5% 정도밖에 안 된 자본주의 사회는 인간 없이는 계속 지탱하기 어렵다는 사실이다! 그렇다면 인간이 배짱을 부려야 할까, 아니면 자본이 배짱을 부려야 할까? 당연히 인간이 배짱을 부려야 한다. 아니, 그런데 현실은 거꾸로이지 않은가? 왜 그럴까? 독자 여러분이 이 책을 통해서 그 답을 찾을 수 있기를 바란다.

여기서 중요한 점은, 자본주의 사회에서는 노동을 통해 자본축적이 이뤄진다는 점이다. 자본축적이란 쉽게 말하면 자본이 섬섬 늘어나는 것이다. 그 방법은 여러 가지가 있을 수 있지만, 가장 기본적인 것은 인간 노동력을 부단히 빨아들여 자본을 불리는 방법이다. 일례로, 한 사람이 구멍가게를 차렸다고 하자. 그는 처음에는 혼자서 새벽부터 밤늦게까지 일을 해야 한다. 그는 자신의 노동력을 투여하여 돈을 모아 나갈 수 있다. 많은 돈을 벌면 그는 가게를 더 확장하거나 더 많은 물품을 들여다 놓는다. 또다시 더 큰 돈을 벌고 가게가 커지면 그는 종업원, 즉 노동자를 고용할 것이다. 그 노동자가 자신이 받는 월급보다 더 많은 일을 해야 가게 주인은 직원을 고용한 보람을 느끼고 자본이 늘어나게 된다. 이런 원리는 공장이나 기업에도 그대로 적용된다. 그래서 자본축적이 잘 되는 기업일수록 노동자를 많이 고용하고 또 그렇게 할수록 자본축적도 더 빨리 이뤄질 수 있다.(물론, 자본간 경쟁이라는 변수, 노동자의 투쟁이라는 변수로 말

 프롤로그
노동을 어떻게 볼 것인가

미암아 수많은 변화와 우여곡절이 생기는 것이 오늘날 자본주의의 현실이다. 이에 대해선 앞으로 하나씩 자세히 살펴보자.) 바로 이런 방식으로 인간 노동은 자본축적의 토대가 된다.

이렇게, 오늘날 노동이란 한편으로는 인간 삶을 지속시킬 수 있도록 해주는 필수 요소이면서도, 다른 편으로는 자본의 몸을 부단히 불려주는 토대가 되기도 한다. 요컨대, 인간 역사의 특수한 단계인 자본주의 사회에서 행해지는 인간 노동이란 보편적인 인간으로서 먹고살기 위해 불가피하게 해야만 하는 측면과 함께, 자본의 불림(축적)을 가능하게 하는 물적 토대의 측면도 동시에 갖는다. 바로 이것이 자본주의 노동사회의 두 얼굴이다. 그리고 바로 이런 양면성으로 말미암아 우리 인간 사회는 여러 가지 문제들이나 갈등 상황을 겪게 된다.

자본과 노동의 협력과 적대

우리는 흔히 노동과 자본이 상호 존중하고 협력하기만 하면 좋겠다는 생각을 하곤 한다. 그러면 아무런 갈등 없이 '누이 좋고 매부 좋은' 관계를 맺을 것이다. 하지만 실제로는 노동과 자본 사이엔 타협하기 어려운 적대관계가 존재한다. 노동자는 일을 하고 받는 월급을 생활비로 써야 하기 때문에 가능한 한 많이 받고자 한다. 그래서 노동조합으로 뭉쳐 단체교섭도 하고 도무지 타협이 안 되면 파업과 같은 쟁의행위까지 한다. 그러나 자본가 또는 경영자는 노동자에게 주는 월급이 비용이기 때문에 가능한 한 적게 주고자 한다. 심지어 법으로 정한 최저임금조차 제대로 주지 않거나 이런 저런 이유를 달며 떼먹으려 하는 경우조차 있다. 이런 식으로 노동과 자본은 바라는 방향이 완전히 거꾸로 가는 경향이 있으므로 대립하고 적대하게 된다. 그런데 노동과 자본은 이렇게 임금을 둘러싸고 대립하는 것에서 그치지 않는다. 그 둘은 상품을 생산하는 과정에서도 대립하고 적대하게 된다.

　노동과 자본이 상품 생산과정에서 적대하는 이유는 어떤 한 상품의 가치에는 인간 노동력이 녹아 들어가기 때문이다. 따지고 보면, 우리가 시장에서 사는 상품들 속에는 사용하는 기계의 가격이나 원료비, 인건비 외에 이윤에 해당하는 추가분이 녹아 있다. 그래야만 상품을 판 자본가가 그만큼 이윤을 얻을 수 있다. 이 추가의 가치는 바로 인간 노동이 만든 것이다. 간단히 말하면 노동자들이 더 열심히, 또는 더 힘들게 일할수록 더 많은 가치가 생기는 것이다. 여기서 상품의 생산과정에서 노동과 자본 사이에는 긴장 관계, 즉 적대 관계가 형성된다. 다시 말해 자본가, 또는 사용자들은 노동자들을 통제해 더 많은 노동을 상품 속으로 녹여내게 하려 하고, 반면에 노동자들은 가능한 한 더 적은 노동을 상품 속으로 녹여내고 싶어 한다. 바로 이런 점 때문에 자본주의 생산과정에서는 노동과 자본 사이의 힘겨

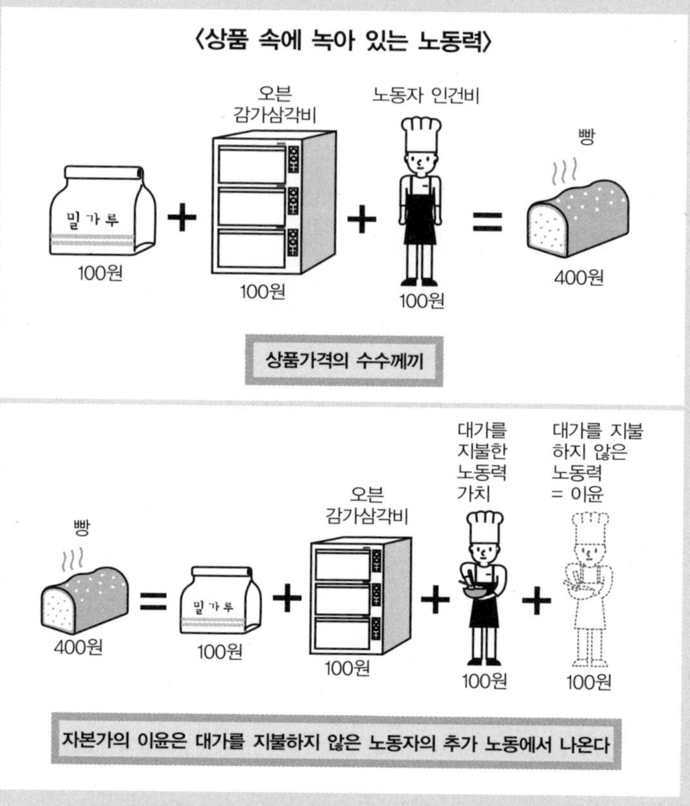

루기가 일상적으로 이뤄진다. 일례로, H자동차 회사에선 경영진이 조립 과정에서 자동차 한 대당 60초 걸리던 작업을 50초로 줄이려 한 일이 있었다. 그러자 노동자들이 대대적으로 반발하고 나섰고, 심지어 어떤 노동자는 "인간다운 노동"을 외치며 분신자살하기도 했다.

그런데 노동과 자본의 적대성은 삶과 죽음의 관계처럼 보다 근본적인 차원에서도 존재한다. 왜냐하면 자본이란 노동자의 살아 있는 노동이 상품 가치 속으로 녹아 들어가면서 형성된 것이기 때문이다. 결국 노동과 자본의 관계란 '산 노동'과 '죽은 노동'의 관계라고 할 수 있다. 산 것과 죽은 것의 관계이니 이것은 대립적이고 적대적이다. 그러나 노동과 자본의 적대성을 이 차원에서만 바라보면 진실의 반쪽만 보게 된다.

진실의 또 다른 반쪽은 자본이 생명과 적대관계를 이룬다는 점이다. 여기서 생명이란 인간과 자연 그 모두를 일컫는다. 자본은 한편으로 사람의 산 노동을, 다른 편으로는 천연자원을 비롯한 자연 생태계를 부단히 빨아들여야만 가치 있는 상품을 만들어 돈을 벌 수 있다. 바로 여기서 인간 노동은 자본과 생명이 겹치는 중간 지점에 놓여 있다. 인간의 노동은 한편으로는 인간의 생명력이나 자연의 생명력을 이용해 자본을 축적하는 일을 하면서도, 다른 편으로는 생명 세계의 일부로서 '살아 움직이는' 역동성과 주체성을 갖고 있기 때문에 자본에 저항할 수 있는 특성을 갖고 있기도 하다. 다시 말해, 인간 노동은 자본축적의 토대가 되기도 하고 자본축적에 위협이 되기도 한다.

이 책은 이런 복잡한 측면을 갖고 있는 노동, 하지만 우리가 먹고살기 위해 꼭 해야만 하는 노동이 사회적으로 어떤 의미를 지니는지 보다 깊숙이 살피고 우리가 노동과 어떤 관계를 맺어야 인간답게 살 수 있는지 탐구하기 위해 쓴 것이다. 누가 뭐래도 '즐겁게 일하고 행복하게 사는 것,' 바로 이것이 이 책의 출발점이자 목적이다.

노동을 보는 눈
1

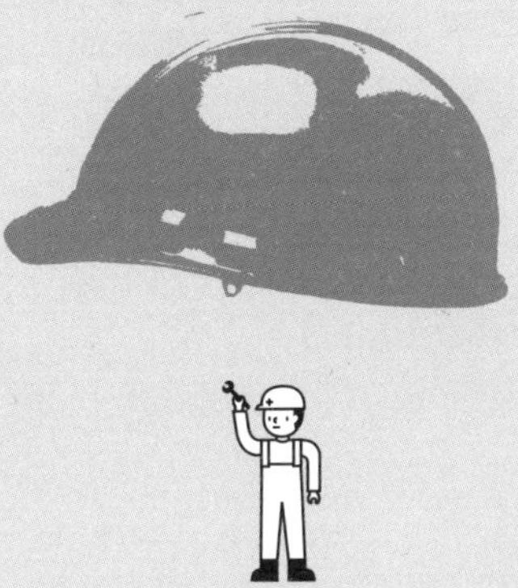

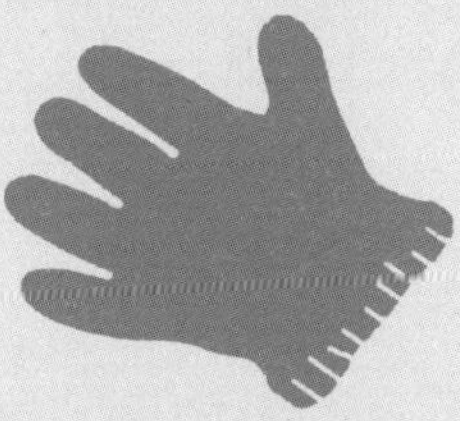

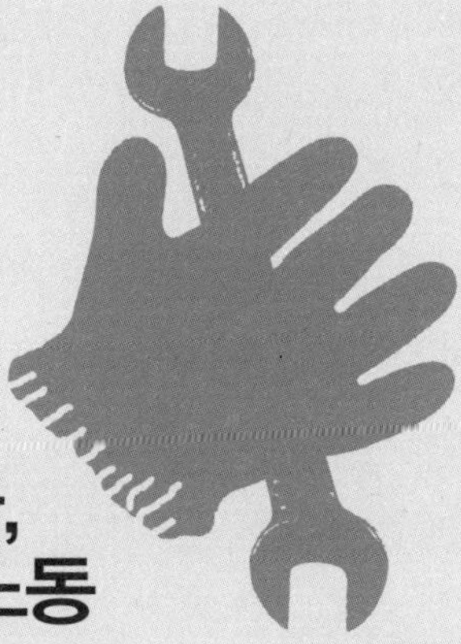

우리가 하는 노동,
우리가 하고 싶은 노동

—

우리가 알아야 할
노동의 철학

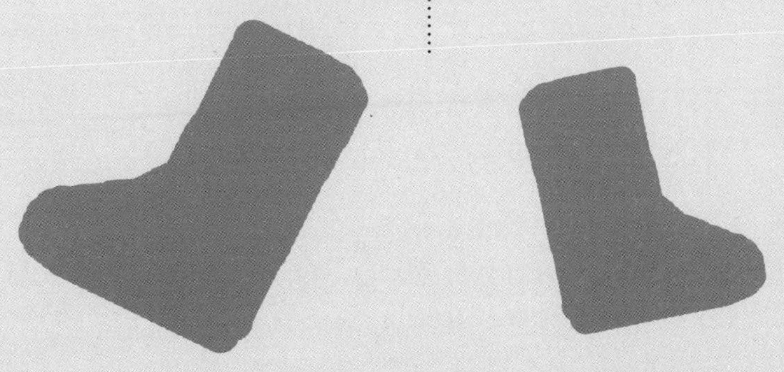

노동의 두 얼굴

인간은 하루도 노동 없이는 살 수 없다. 오늘 아침을 생각해 보자. 우선 우리는 밥을 먹어야 산다. 그럼 밥은 어떻게 생기나? 밥은 쌀이나 잡곡으로 짓는다. 이것을 밥하는 노동이라 할 수 있다. 가사노동의 하나다. 예전엔 아궁이를 만들고 그 위에 솥을 걸어 쌀이나 보리쌀, 온갖 잡곡을 넣고 불을 때서 밥을 했다. 요즘엔 간편하게 전기밥솥을 사용한다. 그렇다면 솥이나 전기밥솥, 그리고 쌀이나 잡곡은 어디서 생기는가? 예전에는 대장간 같은 곳에서 솥을 만들었다. 요즘은 가전제품 공장에서 대량으로 전기밥솥을 생산한다. 대장간에서 일하는 사람은 대장장이였다. 일종의 수공업 노동자다. 오늘날 가전제품 공장에서 일하는 사람은 극히 일부를 제외하고는 미숙련 노동자다.

한편, 쌀이나 잡곡은 농촌의 들녘에서 농민이 일을 해서 만들어 낸다. 이렇게 우리가 늘 먹는 밥조차 농업노동·공장노동·가사노동이 합쳐진 결과로 나온 것이다. 물론 그 중간엔 논에서 나온 벼를 빻아 쌀만 골라내는 도정 노동이 들어 있고, 또 그 쌀을 정미소로부터 창고로, 또 쌀가게로 나르는 운반 노동이 들어 있다.

이런 식으로 우리 삶은 온갖 사회적 노동이 함께 어우러져야 유지된다. 이렇게 다양한 종류의 일들로 생활 과정이 나눠진 것을 사회적 분업이라 한다. 사회적 분업이 원만하게 종합되어야 비로소 개인의 삶이나 사회 전체가 순조롭게 돌아간다. 만일 운수 노동자가 쌀 운반을 하지 않겠다며 파업에 돌입하면 도시 사람들은 쌀을 구할 길이 없어질 것이다. 농민이 더 이상 농산물을 생산하지 않겠다고 저항을 한다면 더욱 큰일이다. 이런 면에서 사회적 분업은 동시에 사회적 협업으로 종합되어야 한다. 결국, 우리 삶이 계속 유지되기 위해서는 사회적 분업과 사회적 협업이 효과적으로 잘 이뤄져야 한다. 그래서 우리는 하루도 노동 없이는 살기 어렵다.

그런데 이것은 노동의 소재적 측면을 말한 것이다. 소재적 측면이란 무엇인가? 모든 사물엔 소재적 측면과 관계적 측면이 있다. 일례로, 앞의 전기밥솥이나 쌀을 보자. 밥솥의 소재적 측면은 제품 설계도에 기초해 철이나 플라스틱, 전선 따위를 잘 결합해 만들어낸 일종의 기계 장치다. 쌀의 소재적 측면은 좋은 논에서 모내기를 해서 가능한 한 농약이나 제초제를 쓰지 않고 유기농법으로 만들어낸 맛있고 영양 많은 쌀이다. 노동의 소재적 측면이란 것은 바로 물품이나 농산물을 만드는 활동 그 자체를 말한다. 밥솥 제조 노동의 소재적 측면은 설계도에 따라 부품들을 정확히 조립해 결함 없는 밥솥을 만드는 것이다. 농업 노동의 소재적 측면은 물 좋고 흙 좋은 논에서 영양가 높은 쌀을 생산하는 것이다.

그렇다면 노동의 관계적 측면이란 무엇인가? 그것은 한 사물을 만드는 생산과정에서 사람과 사람, 사람과 자연이 맺는 관계를 말한다. 우선, 밥솥을 보자. 노예제 시대엔 밥솥을 만들고 밥하는 일을 다 노예가 했을 것이다. 노예 주인은 노예가 무엇을 어떻게 해야 할지 세세하게 지시하고 명령했다. 제대로 말을 듣지 않으면 채찍질을 했을 것이다. 그러나 오늘날과 같은 자본제 시대엔 밥솥 공장 노동자와 경영자는 일종의 근로계약을 맺고, 하루에 몇 시간 일하고 일 년에 며칠 휴가를 갈지, 또 한 달 임금은 얼마인지 미리 정한다. 이 약속을 제대로 지키지 않거나 함부로 처우하면 경영자는 고발당할 수도 있다. 바로 이런 관계들이 노동의 관계적 측면이다. 한편, 쌀을 보자. 소작제 아래에서 농민은 지주의 땅에서 농사를 짓고 일정한 부분은 지주와 국가에 바쳐야 한다. 반면, 자영농들은 자신의 땅에서 자신의 의지로 농사를 지으니 국가에 일정한 세금만 잘 내면 별다른 문제가 없다. 다만, 자녀 교육을 위해, 또는 노후를 위해

⟨노동의 관계적 측면⟩

생산수단을 소유한 노동자의 노동

자본가와 고용관계를 맺으며 일하는 노동자의 노동

일정한 돈이 필요하다 보니, 자급자족 이상의 돈벌이를 위한 농사를 지어야 한다. 더 이상 유기농법으로 짓기 힘들다. 그래서 농약이나 제초제를 갈수록 많이 쓴다. 사람과 사람의 관계만이 아니라 사람과 자연의 관계마저 황폐해진다. 이런 상황이 가중되어 농업 자체가 자본주의 기업처럼 되면, 이제 농업 경영주와 농업 노동자가 서로 분리된다. 농업 노동자는 경영주가 소유한 땅이나 작업 도구를 써서 경영주의 지시에 따라 일을 해야 한다. 마치 공장 노동에서와 다름없는 관계 아래서 노동한다. 바로 이런 점들이 노동의 관계적 측면이다.

이러한 노동의 소재적 측면과 노동의 관계적 측면은 대체로 그 사물의 사용가치와 교환가치에 상응한다. 사용가치란 쓸모 내지 효용을 말한다. 밥솥의 사용가치는 맛있는 밥을 하는 것이다. 밥솥 제조 노동의 소재적 측면은 바로 이 밥을 잘 하는 밥솥을 만드는 것이다. 그런데 밥솥의 교환가치는 밥솥의 가치 내지 가격이다. 만약 같은 품질이라도 경쟁 회사에 비해 터무니없이 비싸다면 그 밥솥은 잘 팔리지 않는다. 그렇다고 지나치게 싸게 판다면 기업가 입장에서 남는 것이 하나도 없을 것이다. 따라서 밥솥 제조 노동의 관계적 측면은 한편으로는 일정한 이윤을 보장할 수 있을 정도로 비용을 줄이면서, 다른 편으로는 경쟁사에 뒤지지 않을 정도의 품질과 가격을 유지할 수 있도록 생산관리를 잘 해야 하는 것이다. 그 과정에서 기업가가 노동자와 자연(원료)을 원하는 대로 통제하려고 하면서, 노동자를 수탈하고 억압하거나 자연을 훼손하기 쉽다. 요컨대, 오늘날의 사회에서는 한 상품의 사용가치 그 자체보다 교환가치가 더 중요한 의미를 가지듯, 노동의 두 측면에서도 소재적 측면 그 자체보다 관계적 측면이 어떠한가 하는 부분이 더 큰 사회적 의미를 띤다. 그리고 모든 인간은 일을 통해 지배와 억압보다는 자유와 평화의 관계를 구현하기를 원한다.

노동이 사람을 만들었나, 사람이 노동을 만들었나

이 질문은 사람과 노동 사이의 근원적 관계에 관한 아주 오래된 화두다. 기독교에서는 하느님이 흙을 빚어 사람을 만들었다 하고 사람들이 평생 노동을 하며 살게 했다고 한다. 불교에서는 마치 구름이 모였다 흩어지는 것처럼 우주의 여러 기운이 특정한 인연을 계기로 결합해 사람이 나왔다고 본다. 기독교적 시각은 하느님의 손노동을, 불교적 시각은 우주의 노동을 사람의 기원으로 보는 셈이다. 한편, 여러 진화생물학자나 인류학자들, 특히 프리드리히 엥겔스 같은 이는 사람에 가까운 동물인 유인원이 오늘날의 인류로 되는 과정에는 높은 나무 위의 열매를 따려는 노동이 중요한 역할을 했다고 본다. 네 발 짐승이 높은 나무 위의 열매를 따기 위해 노력을 하는 동안 스스로 설 수 있게 되었으며 그것이 두 발로 서서 걸어 다니는 직립보행의 기원이라는 것이다.

이 모든 입장의 결론은 노동이 사람을 만들었다는 것이다.

그런데, 다른 편에서는 어떻게 사람이 먼저 있지 않고 노동이 가능하냐고 반론을 제기한다. 이 시각에는 노동이란 당연히 사람이 하는 것이라는 전제가 깔려 있다. 이 입장에 따르면 하느님은 창조 행위를 한 것이지 손노동을 한 것이 아니며, 불교적 인연이란 우주적 기운의 흐름일 뿐 노동이 아니다. 또한, 유인원이 열매를 따기 위해 높은 나무로 손을 뻗친 것도, 마치 꿀벌이 꽃을 찾아 꿀을 모으는 것이나 거미가 거미줄을 치는 것처럼, 나름의 목적이 있는 노동이라기보다는 본능적 행위에 불과하다는 것이다. 이 시각은 사람의 기원에 대해서는 정확히 밝히지 않되, 일단 사람이 먼저 있어야 노동이 있을 수 있다고 본다. 왜냐하면 노동이란 사람이 일정한 목적을 이루기 위해 의식적으로 하는 정신적, 육체적 활동이기 때문이다.

이 두 입장은 모두 나름의 의미가 있다. 전자는 노동의 중요성을, 후자는 사람의 중요성을 강조하기 때문이다. 게다가 노동을 통해 사람이 변화하고 발전할 수 있다면, 사람은 노동을 변화시키고 발전시킬 수 있다. 마치 달걀이 먼저냐 닭이 먼저냐 하는 논쟁처럼, 노동이 먼저냐 사람이 먼저냐 하는 논쟁도 어느 입장이 옳으냐를 따지는 것은 큰 의미가 없다. 여기서 중요한 것은 우선순위가 아니라 상호작용이기 때문이다.

특히 앞서 말한 노동의 관계적 측면을 생각하면 이런 상호작용의 관점이 더욱 부각된다. 일례로, 최근까지만 해도 가사노동이나 돌봄 노동을 주로 해왔던 우리 어머니들과 공장 노동이나 관리 노동을 주로 해온 아버지들을 비교해보면, 노동에 따라 사람이 달라진다는 것을 확인할 수 있다. 많은 경우, 어머니는 자상하고 공감을 잘하는 반면, 아버지는 사무적이며 관료적인 면이 강하다. 이렇게 노동과정 속에서 맺어지는 인간관계가 일상적 생활과정 속의 인간관계에 지대한 영향을 미친다. 게다가, 직장에서 시달리는 사람이 나중에 집에 와서 본의 아니게 자녀들에게 스트레스를 발산하는 경우도 많다. 노동이 사람을 만드는 셈이다.

동시에, 그 어떤 노농도 사람이 아니면 수행되지 않는다. 식의주 등 기본적 생활이 해결되어야 사람이 살 수 있고, 사람이 살아야 노동을 할 수 있다. 국가가 법을 정해서 최소한의 생활을 보장하기 위해 '최저임금제'를 실시하는 것이나, '일-가정 양립'을 지원하기 위한 법과 제도를 만들어 여러 지원을 하는 것도 사람이 살아야 하고 또 후세들이 대를 이어 나와야 노동을 수행할 수 있기 때문이다. 이런 식으로 사람은 노동을, 노동은 사람을 상호 규정한다.

상호작용의 관점에서 이 문제를 다시 살펴보면, 19세기에서 20세기를 대체로 지배한 성별 분업, 즉 여성이 가사노동을 담당하고 남성이 공장노동을 담당하는 구조는 인간 사회의 역사적 발전 단계 중 한 부분이었다는 점을 알 수 있다. 언제나 그랬던 것이 아니라 그 시기에만 그랬던 것이다. 실제로 역사적으로 오래전, 모계제 사회에서는 여성이 생계를 책임지는 노동을 담당했고, 남성은 사냥이나 전쟁을 주로 수행했다. 또한 오늘날은 남성은 물론 여성도 임금노동을 많이 수행한다. '맞벌이 가정'이 대세를 이루는 것이 부정할 수 없는 현실이다. 게다가 많은 남성들도 가사 노동에 참여한다. 중요한 것은 남성이든 여성이든 모두가 경직된 분업을 넘어 가사 노동을 비롯한 여러 경제활동에 평등하고 조화롭게 동참하는 것이다. 그러한 태도의 변화와 더불어 사회적 제도나 정책도 바뀌어 직장과 가정, 일과 삶의 균형이 회복되는 것이 바람직하다. 사실 전통적인 한국 농촌의 '두레' 노동에도 그 흔적이 일부 남아 있는 것처럼, 전통 사회에서는 일이 삶 속에 온전히 통합되어 있었는데(노동과 놀이와 휴식의 통일), 이것이 오늘날 일이 삶을 압도하는 형태(대량실업, 불안정 노동, 장시간 노동, 과로, 소진, 감정노동, 직업병, 산업재해, 일중독, 과로사 등)로 기형화했다. 이제 이것을 원래의 자리로 되돌려야 한다. 요컨대, 지금까지 오랫동안 노동이 사람을 왜곡시킨 면이 있다면, 이제 사람이 그 노동을 바꾸어야 한다. 이것이 21세기를 사는 우리 모두의 시대적 과제다.

짧게 보는 노동의 역사

무슨 개념이든지 현실을 반영하여 생성·변화·발전·소멸한다. 그런데 그 현실조차 부단히 변화하기 때문에 개념이나 그 개념이 지닌 의미 또한 변한다. 노동 개념도 마찬가지다. 따라서 이에 대해 역사적으로 살펴볼 필요가 있다. 현재의 노동 개념이나 현실조차 앞으로도 얼마든지 변할 수 있기 때문이고, 노동의 미래를 생각하기 위해서라도 노동의 역사를 알 필요가 있다.

노예제 시대였던 고대 그리스나 로마, 이집트 사회에서 노동이란 천한 노예가 하는 일이란 인식이 있었다. 소크라테스나 플라톤 같은 저명한 철학자들도 노예가 천한 노동을 해주었기 때문에 자신들은 비교적 자유로운 시민으로서 공부를 하고 토론을 즐길 수 있었던 셈이다. 이탈리아 로마를 방문하면 거대한 콜로세움이나 엄청난 조각상 따위를 많이 볼 수 있는데 사실 이것도 모두 노예들이 노동으로 이룩한 산물이다. 이집트의 거대한 피라미드도 마찬가지다. 그러한 문화유산을 보면서 외형에만 찬탄할 일이 아니라 그것을 만들기 위해 오랜 세월동안 노예들이 흘린 피와 땀과 눈물을 다시금 생각할 필요가 있다. 이러한 노동관, 즉 노동은 천민이나 노예가 하는 일이라는 인식은 봉건시대까지 지속되었다. 봉건 농노 역시 일종의 농업 노예라고 할 수 있다. 중세 봉건시대에 영주나 귀족이 나름의 안정된 삶을 유지하고 시민 계급(상공인 계급, 즉 부르주아 계급)이 서서히 형성될 수 있었던 것도 농노가 하루 종일 들녘에서, 또 하인이 하루 종일 가정에서 노동을 했던 토대 위에서 가능했다.

그랬던 노동관에 근본적 변화가 온 것은 르네상스 시대 이후

 1장 우리가 하는 노동,
우리가 하고 싶은 노동

종교개혁 과정에서였다. 특히 칼뱅류의 신교(기독교) 운동은 "노동은 신성한 것"이란 메시지를 전파했다. 칼뱅의 예정설에 따르면 신의 구원을 받을 수 있는 자는 이미 예정되어 있는데, 신성한 노동을 잘 수행하며 근면·성실한 자는 구원을 받을 가능성이 높다고 했다. 이것이 구교인 로마가톨릭을 개혁하자며 나섰던 프로테스탄트(신교) 운동의 핵심 메시지였다. 그리하여 이제 노동은 더 이상 천한 것이 아니라 신성한 것으로 격상되었다. 독일어의 직업Beruf이란 단어도 어원적으로는 '신의 부르심berufen,' 즉 '소명'에서 나온 말이다. 오늘날 우리가 내면화하고 있는 '직업에 귀천은 없다'라는 말도 이러한 노동의 신성화와 연관이 있다. 독일의 막스 베버도 『프로테스탄트 윤리와 자본주의 정신』이란 책에서 기독교의 노동윤리가 자본주의 발전에 대단히 중요한 역할을 했음을 강조한 바 있다. 이렇게 노동이 신성시되니, "노동을 하지 않는 자, 먹지도 말라"는 말까지 나오게 된다. 그런데 오늘날 이 원칙은 이중적으로 적용된다. 정치가나 기업가 중 많은 이들은 별다른 노동을 하지 않으면서도 엄청난 기득권을 누리며 과소비나 사치로 흥청대는 데 반해, 인간다운 노동조건을 쟁취하기 위해 또는 정리해고 반대를 외치며 노동자들이 힘겹게 파업을 벌이면 보수 기득권층이나 보수 언론들이 '무노동 무임금no work-no pay principle'이란 잣대를 갖다 대는 것이다. 노동은 신성시되지만 노동자는 천대받는 것, 이것이 이율배반적 현실의 진면목이다.

동일한 자본주의 사회 안에서도 수공업 노동과 컨베이어 노동 사이엔 엄청난 질적 차이가 있다. 1913년 이후 미국 포드 자동차 공장에서 일관조립 공정, 즉 컨베이어 벨트가 노동과정에 도입되면서 그 이전의 수공업 노동자들은 설 자리를 잃게 된다. 이것은 마치 그 이전에 18세기 산업혁명 이후 영국의 섬유산업에서 수공업적인 방직 작업 대신 자동 방직 기계가 도입되면서 수공업적 숙련공의 지위가 폭력적으로 격하된 것과 동일하다. 여기서 중요한 사실은 그 '신성한 노동'조차 노동과 자본 사이의 힘 관계 속에서 지속적으로 추락하는 경향이 있다는 것이다. 왜냐하면 수공업적 기술이 있는 장인의 노동은 그나마 자부심이나 자율성이 있었는데, 기계가 생산의 중심이 되면서 기계에 맞춰서 일하게 되었기 때문이다. 찰리 채플린의 명작 영화 〈모던 타임즈〉(1936년)에서 주인공 찰리는 공장의 컨베이어 라인에서 반복적으로 나사못을 죄는 일을 하는데, 나중에는 사람들의 코까지 조여버리려 하는 등 눈에 띄는 모든 것을 조이려 하는 강박증에 걸린다. 이처럼 컨베이어 라인 위의 노동자들이 수행하는 노동은 반복적이고 무의미하며 인간성을 황폐화한다. 노동의 신성성은 오로지 구호 속에서만 남아 노동자들을 노동의 틀 속에 얽어매기만 한다. 노동자가 경험하는 실제 현실에서 노동은 신성한 것이 아니라 삶을 억압하는 족쇄일 뿐이다. 그래서 제2차 세계대전 이후 1970년대까지 노동자의 상황이 좀 괜찮았던 이른바 '포드주의' 또는 '케인스주의' 시대, 특히 1970년대

케인스주의
20세기 영국의 경제학자 존 메이너드 케인스의 사상에 기초한 경제학 이론. 시장의 자유를 내세우는 고전적 자유주의 경제학과는 달리 케인스는 정부로 대표되는 공공 부문의 역할을 함께 강조했다. 정부가 시장에 개입해서 수요와 공급 사이의 균형이 맞도록 행동해야 한다는 것이다. 1930년대 대공황으로 미국이 극심한 불황에 시달렸을 때 미국 정부는 정부 지출을 늘리는 케인스주의 경제정책을 채택해 위기를 극복할 수 있었다.

초엔 노동조합이 직장에서의 효율성, 가정에서의 인간성이라는 경계선을 지키려고 했으며, 직장에서의 효율성도 '인간화'라는 방향성을 갖도록 무던히 노력을 했다. 가장 대표적인 것이 스웨덴의 볼보 공장과 독일의 폭스바겐 공장 등에서 일어났던 '노동의 인간화' 또는 '산업민주주의' 운동이다.

그런데 이 노동조차 1980년대 이후 신자유주의 시대에 오면 더욱 상황이 나빠진다. 특히 기업과 국가는 노동조합의 집단적 보호막을 하나씩 벗기고 오로지 노동자들이 생존을 위해 서로 경쟁을 하게 만든다. 그와 더불어 인터넷·휴대폰·스마트폰 등 기술의 발달로 직장과 가정의 경계선, 일과 삶의 경계선이 모호해졌다. 갈수록 노동자들은 무의미한 노동조차 일종의 '생존

전략'으로 강하게 동일시해야 하는 상황에 내몰린다. 자신의 삶을 갉아먹는 노동을 마치 자신의 정체성인 것처럼 강력하게 '내면화'하는 것이다. 처음에는 먹고살기 위해, 해고당하지 않기 위해 눈치 보며 일하느라 장시간 노동에도 묵묵히 순종하지만, 나중에는 오히려 장시간 노동이나 직장과 가정 사이의 균형을 상실한 일중독 상태가 정상인 것처럼 여겨진다. 그래서 누군가 '일중독'을 경고하거나 일 좀 적게 하라고 하면 마치 자신의 정상적인 생활에 부당한 간섭을 하는 것처럼 느끼기 쉽다. 왜냐하면 자신의 유일한 목적은 하루하루의 생존에 있다고 여길 정도로 삶의 시야가 좁아지기 때문이다. 이제, 노동의 성취가 마치 자신의 인간적 성취인 양 착각해 몸과 마음은 아프다고 신호를 보내는 데도 이를 연거푸 무시하고 지속하다 마침내 과로로 쓰러져 일어나지 못하기도 한다. 대개 의학적으로는 심장마비 또는 뇌출혈 등에 의한 죽음으로 진단되는데, 이를 '과로사'라고 한다. 한편, 일자리를 상실하면 마치 자신의 모든 생명이 다한 것처럼 여겨 극심한 상실감과 우울증에 내몰리다 심한 경우 목숨까지 스스로 버리기도 한다. 이 경우 자살은 '우울증의 극단적 결말'일 수도 있지만 배신감을 느끼게 한 회사나 세상에 대한 '최후의 저항'이란 의미도 있다.

요컨대, 처음에는 천한 사람들만이 하는 것이라 여겨지던 노동이 종교개혁을 거치면서 기독교와 더불어 신성한 노동으로 추앙되었다. 그 뒤 차츰 노동조합 운동이 활성화하면서 직장과 가정의 경계선이 어느 정도 설정되기도 했지만, 1980년대 이후 신자유주의, 그리고 인터넷이나 휴대폰, 스마트폰 등의 기술적 발달과 더불어 직장과 가정의 경계선도 상당히 불투명해지면서 많은 사람들이 의식적이건 무의식적이건 '노동동일시'를 강하게 드러낸다. '노동동일시'란 마치 사람이 자기의 본질이 일(자리, 지위, 성과)에 있는 것처럼 생각하게 되는 현상이다. 그러나 이 노동동일시의 결과는 불행히도 파괴적이다. 일하는 사람의 육체적·정신적 건강을 해칠 뿐 아니라, 가족이나 친구·지역사회 등 다른 사람들과의 인간적 관계조차 서먹하게 만든다. 결론적으로, 노동이 신성한 것이라는 태도가 극단으로 치달은 결과, 신성한 노동과 자신을 동일시할 정도로 일에 몰두한 사람들이 역설적이게도 오히려 천한 존재가 되어 노동을 해도 천하게 살아야 하고 노동을 안 해도 천하게 살아야 하는 기이한 상황이 도래하고 말았다.

오늘날 우리에게 노동이란 무엇인가?

이런 식으로 오늘날 노동은 우리에게 행복한 삶을 위한 수단 또는 과정이 아니라 우리의 삶을 자본을 위해 희생시키는 수단 또는 과정으로 변질되었다. 다시 말해, 노동을 통해 내가 만들고자 하는 물품이나 서비스를 소재적으로 창조함으로써 그 어떤 창조의 기쁨을 맛보는 것도 아니요, 그렇다고 노동과정에서 다른 사람들과 우애롭고 협동적인 관계를 맺음으로써 관계적 존재의 기쁨을 느끼는 것도 아니다. 오히려 물품이나 서비스의 제조나 판매 과정에서 우리는 노동의 의미나 보람을 깊이 느끼지 못한 채 소외된 노동을 하기 일쑤이며, 타인과의 관계에서도 고립되거나 파편화된 인간관계만을 유지하면서 오로지 무한 경쟁 상황에서 어떻게 하면 살아남을 수 있을지 고민하며 하루하루 연명할 생각만 하는 지경이다.

그렇다고 예전보다 더 많은 공부를 하고 사회로 나오는 젊은 이들이 생계를 유지하기 위한 일자리가 넉넉한 것도 아니다. 한편으로는 과학기술의 발달, 다른 편으로는 빈곤이 확산되며, 갈수록 사회적 배제와 차별이 심해진다. 게다가 재생 불가능한 자원들(석유나 가스 등)의 고갈이 다가오며, 원자력·기후변화·식량위기 등이 삶을 위협하는 정도가 심해진다. 그리하여 세계 곳곳에서 노동의 각성과 저항이 일어나고 있다. 금융위기의 주범인 월스트리트를 점령하자는 OCCUPY 운동, 경제 위기를 맞아 임금을 삭감하고 재정지출을 줄이려는 정부와 자본에 저항하는 그리스 노동자들의 투쟁 등이 생생한 예다. 이것은 세상을 망치려는 움직임이 아니라 자본과 권력에 의해 왜곡된 현실을 희망적인 방향으로 고치기 위한 진지한 움직임이다.

노동을
보는 눈
2

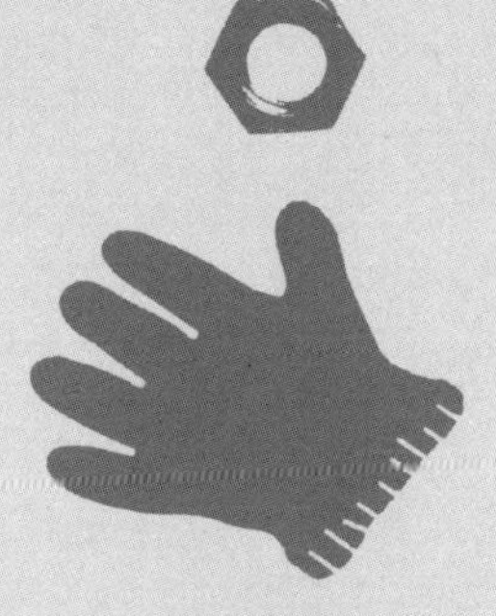

우리는 언제부터
돈을 받고
일하게 됐을까

—

노동시장의
탄생과 비밀

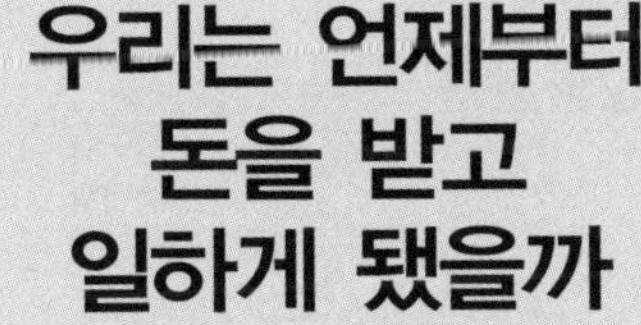
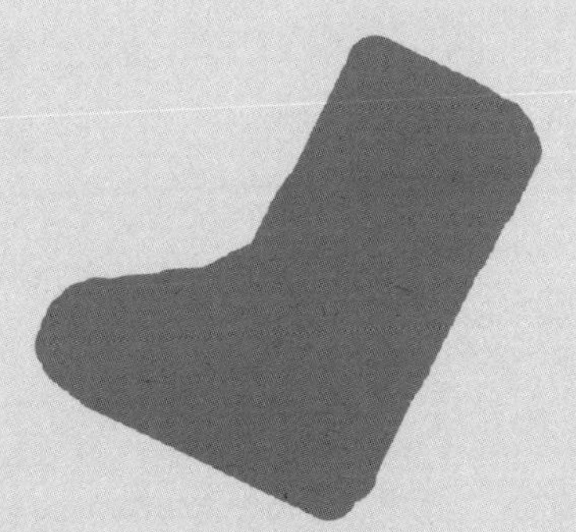
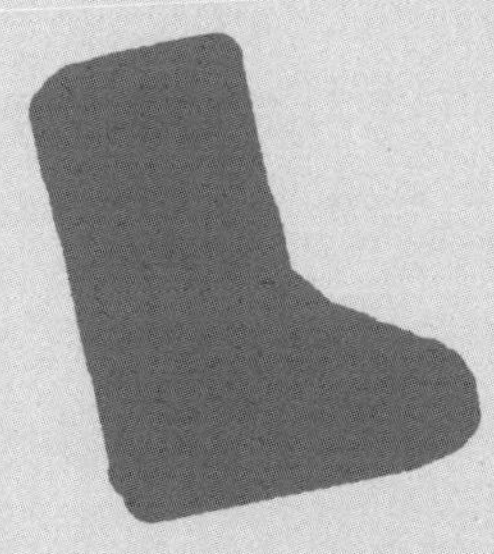

우리는 상품인가?

오늘날 우리는 일정한 학업을 마치면 당연히 취업을 해서 돈을 벌어야 한다고 생각한다. 그렇지 않으면 먹고살기 힘들기 때문이다. 나아가 졸업을 하고도 아무 일도 하지 않으면 '백수'라는 낙인마저 찍히기 쉽다. 그냥 놀고먹는 기생충 같은 존재란 뜻이다. 이런 식으로, 우리는 자신이 가진 노동력, 즉 노동을 할 수 있는 육체적·정신적 능력 및 의지를 기업에 팔아야만 임금을 받아 생계를 유지할 수 있다. 바로 여기서도 이미 우리의 노동력이 시장에서 거래되는 상품으로 당연히 여겨진다는 걸 알 수 있다. 이 시장을 대개 노동시장이라고 한다. 일반 상품시장과 좀 다른 특별한 시장이기 때문이다.

그런데 이렇게 현실에서는 엄연히 노동력이 상품으로 거래되지만, 원칙적으로 인간의 노동력은 땅이나 화폐와 마찬가지로 상품이 돼서는 안 되는 것이었다. 이것은 이미 칼 폴라니라는 경제인류학자가 『거대한 전환The Great Transformation』이란 명저에서 강조한 바 있다. 그는 노동·토지·화폐 등은 상품이 되어서는 안 될 성질의 것임에도 자본주의가 발달하여 시장경제가 온 사회를 지배함에 따라 모두 상품이 됨으로써 우리 인간의 삶이 불행해졌다고 본다. 인간 노동력이 상품이 되다 보니 노동력을 제공하는 노동자는 기업가의 명령이나 기계에 복종해야 한다. 일을 통한 보람과 만족을 느끼기보다 한갓 기계의 부속물로 전락하기 쉽다. 또 삶이 터전이어야 할 토지가 상품이 되다 보니 오늘날 땅은 부동산 또는 재산 증식의 수단에 불과하게 됐다. 화폐 또한 원래 목적인 거래의 수단이란 성격보다는 부채와 이자, 그리고 환차익을 노린 투기 등을 통한 돈벌이의 수단이 되고 말았다. 결국, 이 모든 사태로 인해 '빈익빈 부익부' 현상이 강화했다. 물론, 오늘날 자본주의 사회에서는 좋든 싫든 노동력이 상품으로 거래되는 것이 부정할 수 없는 현실이다.

이미 1919년에 국제노동기구ILO가 설립될 때 '8시간 노동제'를 주창하며 "노동은 상품이 아니다"라고 천명했지만, 그리하여 인간 노동에는 존엄성이 보장되어야 한다고 선언했지만, 그것은 어떠한 강제력도 없는 상징적인 슬로건에 불과하다. 한국 역시 1991년에 ILO 회원국으로 가입한 상태이지만 189개 협약 중 한국이 비준한 것은 불과 24개이다. 비준한 협약조차 제대로 지켜지는지 하는 것은 또 별개다. 그럼에도 불구하고 세계적 차원에서 노동에 대한 공정한 표준을 만들고자 하는 노력 자체는 필요하고 소중하다. 특히 최근에는 신자유주의 세계화와 더불어 '바닥을 향한 경주'가 벌어지기 때문에 전세계적인 노동 기준을 설정하고 노동 환경의 '상향평준화'를 촉진하는 것이 보다 공정하고 인간적인 지구촌을 위해 절실하다.

그런데 노동력이 사고파는 상품으로 자유롭게 거래되는 것은 강제로 사람을 구속하는 노예제도나 농노제도에 비해서는 진일보한 면이 있긴 하지만, 실은 바로 이 '노동력의 상품화'야말로 자본주의 사회의 특수성이자 자본주의에서 나타나는 모순의 뿌리이다. 왜냐하면 인간의 노동이야말로 온갖 부가가치의 토대이며 이윤의 원천이기 때문이다. 만약 자본주의를 넘어서서, 노동력을 더 이상 상품으로 거래하지 않는 사회가 온다면 그 사회는 어떤 모습일까? 그렇게 되면 굳이 내 노동력을 노동시장에서 잘 팔릴 수 있는 상품으로 포장하기 위해 하기 싫은 공부를 억지로 해가며 '스펙'을 쌓느라 돈과 시간과 열정을 낭비할 필요가 없을 것이다. 또한, 취업 후 직장 생활에서도 '눈치'를 보며 일하거나 가정-직장 간 균형이 깨진 채 스트레스 받는 삶을 살지 않아도 되며, 특히 '정리해고'의 두려움이나 비정규직의 서러움을 받지 않아도 될 것이다. 더욱 중요한 것은, 그렇게 될 때 더 이상 노동이 우리 삶을 지배하는 것이 아니라 오히려 행복하고 수준 높은 삶을 살아가는 데 필요한 하나의 자연스런 부분으로 자리매김할 것이다. 이런 희망적인 전망들은 결국 우리가 세계적 차원에서 노동력이 상품이 되는 경향을 얼마나 성공적으로 극복할 수 있는가에 따라 달라질 것이다. 그런데 과연 사람의 노동력은 역사적으로 어떻게 해서 상품이 되었을까?

노동력을 팔고 사는 사람들

원시시대의 공동체 사회는 물론 노예제, 봉건제 사회에서도 노동력은 아직 상품으로 거래되진 않았다. 인간 노동력이 상품으로 노동시장에서 거래되기 시작한 것은 자본주의 사회에서부터다. 처음에는 오늘날에도 볼 수 있는 인력시장 같은 데서 또는 개인적 소개 같은 것을 통해 노동시장이 나타났지만, 갈수록 공적인 공간, 예를 들면 회사의 안내판 내지 길거리의 벽이나 전봇대에 붙은 전단지나 신문 같은 다양한 방식을 통해 노동시장이 형성되었다. 나중에는 전문적인 직업소개소 같은 것도 등장했다. 크게 보면 노동조합도 일종의 노동시장 역할을 하기도 한다.

이렇게 인간 노동력이 상품으로 시장에서 거래된 것은 어떤 역사적 배경을 깔고 있을까? 간단하게 말하면, 첫째 사람이 공동체로부터 분리되는 과정, 둘째 그 과정에서 노동력과 생산수단이 분리되는 과정, 셋째 신흥 부르주아라고 불리는 일정한 자산을 가진 새로운 계급의 등장, 넷째 인간 노동력의 주인인 개인들이 상호 자유로운 계약을 맺을 수 있는 근대 계몽주의적 시민혁명 등의 과정으로 압축할 수 있다. 요컨대, 한편에서는 자본을 가진 계급이 등장하고 다른 편에서는 노동력 말고는 아무것도 가지지 않은 계급의 등장하면서, 자본을 중심으로 사회가 두 계급으로 분열한 것이 곧 노동력 상품화의 배경인 셈이다.

　사람이 공동체로부터 분리되는 과정에서 가장 대표적인 사례가 영국의 15~16세기 및 17~18세기에 전개된 제1차, 제2차 엔클로저 운동이다. 원래 엔클로저란 '울타리 치기'란 뜻으로, 마을 사람 누구든지 자유롭게 소나 말을 키우거나 여러 용도로 같이 사용하던 넓은 목초지 또는 공유지를 누군가 개인적으로 소유하게 되면서 더 이상 마을 사람들이 이용하지 못하게 울타리를 쳐버리는 것을 말한다. 이제 기존의 농민들은 토지로부터 쫓겨나고 그 빈 공간엔 양을 키우는 목양지가 들어선다. 양은 고기로도 사용되지만 양털이 당시 영국에서 발달하고 있던 방직 산업의 원료로 쓰였다. 양털은 따뜻한 옷이나 모자를 만드는 데 대단히 좋은 원료여서 인기를 끌었다. 그 뒤 제2차 엔클로저 운동 때는 농업 생산성이 크게 높아지면서 많은 농민이 땅을 잃게 됐다. 그래서 그나마 남아 있던 농민들이 '잉여 인간'이 되면서 농촌을 떠나 도시로 가야 했다. 이촌향도 현상이 나타난 것이다. 한국에서 1970년대 새마을운동이 한창 벌어지던 때도 비슷한 일이 일어났다. 이 모든 사태는 결국 전통적 공동체로부터 개인이 철저히 분리돼갈수록 원자화·고립화·개인화하는 것이라고 정리할 수 있다.

농촌 공동체로부터 개인이 분리된 것은 동시에, 노동력과 생산수단이 분리되는 과정이기도 했다. 사실, 농촌 공동체 시절에는 농민 자신의 노동력과 생산수단인 땅, 농기구, 가축 등이 모두 통일되어 있었다. 경우에 따라서는 마을에서 생산수단을 공동으로 사용하기도 했다. 이런 식으로 통일되어 있던 노동력과 생산수단이 농촌에서의 엔클로저 운동, 도시에서의 공업화 내지 산업화 물결과 맞물리면서 철저히 분리되었다. 농민은 생산수단인 땅을 잃었으며, 공장은 일 잘 하고 말 잘 듣는 노동력을 필요로 했다. 그냥 몸뚱이만 와서 시키는 대로 일만 성실히 잘하면 된다는 것이었다. 이런 식으로 몸뚱어리밖에 갖고 있지 못해 기업주에게 자신의 노동력을 팔아야만 생계가 유지되는 사람들을 프롤레타리아proletariat라고 한다.

다음으로 중요한 것은 이른바 신흥 부르주아 계급의 등장이었다. 사실, 봉건주의 시대 말기부터 이미 상인들이나 수공업자 중에서 매우 성공한 사람들이 하나둘 생겼다. 시간이 지날수록 극소수는 막대한 부를 축적할 수 있었다. 이런 상공인 계층이 힘을 얻게 되면서 하나의 계급으로서 자기들만의 이해관계를 관철하기 위해 뭉치기 시작했다. 그것이 바로 부르주아bourgeoisie

공동체와 생산수단으로부터 분리된 프롤레타리아

상업 등으로 부를 얻은 부르주아

노동력의 상품화

계급이다. 우리말로 하면 이들이 바로 자본가 계급이다. 이들은 자본과 기술을 갖고 있기 때문에 이제 일 잘 하고 말 잘 듣는 노동력만 있으면 얼마든지 돈을 벌 수 있었다. 물론 사업의 규모가 커질수록 더 많은 노동력이 필요했다.

그리하여, 한편에서는 몸뚱이밖에 남지 않은 프롤레타리아, 다른 편에서는 자본을 가진 부르주아, 이렇게 크게 두 집단이 생긴 상황에서 형식적으로나마 서로 자유로운 계약을 해야 한다. 나아가 자본가 계급은 자신이 가진 자본이나 기술을 배타적으로 보호받기를 원했다. 즉 사적 소유권의 보장을 원한 것이다. 바로 이러한 시적 소유와 자유 계약의 권리를 법적으로 확실히 하기 위해 그들이 만들어낸 것이 민법Bürgergesetz이다. 그런데 이러한 법들은 그저 생긴 것이 아니고 왕이나 귀족, 성직자 등 기존의 숱한 기득권 세력과 싸우면서 생긴 것인데, 바로 그 투쟁 과정이 우리가 잘 아는 영국의 청교도혁명, 프랑스의 대혁명, 미국의 독립전쟁과 같은 근대 시민혁명이다. 이 근대 시민혁명의 구호는 흔히 계몽주의 사상을 기초로 한 자유, 평등, 박애 정도만 알려져 있지만 사실 가장 중요한 것은 소유권이었다. 재산을 가진 계급이 자기 재산에 대한 배타적 소유권을 보장받고, 그래서 노동력만 사서 잘 활용하면 더 큰돈을 벌 수 있는 상황이 된 것, 바로 이것이야말로 노동력 상품화의 역사적 전제들이었으며, 그런 바탕 위에서 자본주의가 제 발로 설 수 있었다.

국가가 노동에 해준 게 뭐야

　노동시장이란 일종의 경제적 현상이고 국가는 정치적 현상인데, 과연 노동시장이 탄생하는 데 국가가 무슨 역할을 했을까? 특히, 노동시장은 자본주의가 발달하면서 출현한 것인데, 당시의 봉건주의 국가가 무슨 큰 역할을 했단 말인가? 노동시장과 국가 역할이란 주제를 생각할 때 바로 이런 의문들이 자연스레 떠오른다.

　먼저 사회문제를 분석할 때 정치적 현상과 경제적 현상을 분리해서 보는 입장을 넘어설 필요가 있다. 그것은 정치와 경제가 마치 칼로 무를 베듯 정확히 구분되는 것이 아니기 때문이다. 사실, 원래 영어로 경제를 뜻하는 'economy'란 말은 살림살이란 뜻의 그리스어 'oikos'에서 나온 것이다. 즉 대단히 사적이고 개인적인 것을 의미했다. 그것은 당시에는 공동체 자체가 한 가족이나 기껏해야 씨족, 부족이 모인 마을 정도였기 때문이다. 그러다가 고대국가가 생기면서 일종의 지역 공동체 또는 국가 공동체 같은, 보다 공적이고 사회적인 살림살이가 필요해졌다. 바로 이 사회적인 살림살이가 곧 공적인 경제요 정치적 경제, 즉 정치 경제다. 그러니 정치와 경제는 별개가 아닌 셈이다. 동양에서도 경제의 어원인 경세제민經世濟民이란 말 자체가 세상을 잘 다스려 백성을 구제한다는 뜻이니, 좋은 정치를 하는 것이 곧 좋은 경제다. 그러니 여기서도 정치와 경제는 구분이 되지 않는다.

나아가 오늘날 우리가 개념적으로나 분업적으로 구분하고 있는 정치와 경제조차 사실은 서로 긴밀하게 영향을 주고받고 있다. 일례로, 경제 영역이라 할 수 있는 기업에서 노사간 임금협상이나 단체협상, 정리해고를 둘러싼 갈등이 벌어질 때 국가의 공권력이 다양한 형태로 개입한다. 노동자들이 파업을 벌일 때 경찰이 출동해 해산시켰다는 뉴스가 종종 나오지 않는가? 또한 국가의 여러 정책이나 법률 제정 과정에 자본가들은 로비나 뇌물 같은 것을 몰래 제공하여 개입하기도 하고, 노동자들은 공개 토론회나 집단행동을 통해 영향력을 행사하고자 한다. 더 심하게는 국가 관료 출신이 독점 대기업의 주요 간부로 들어가기도 하고, 거꾸로 독점 대기업 출신 인사가 국가의 주요 요직에 발탁되기도 한다. 이것이 바로 우리가 늘 비판하는 정경유착인데, 사실 이는 자본주의 경제가 비정상적으로 작동하는 것이라기보다 오히려 자본주의에서 통상적으로 일어나는 본질적인 일이라고 할 수 있다.

이런 내용을 염두에 둔다면, 노동시장에 봉건국가가 개입한 것이나 오늘날 자본주의 국가가 개입하고 있는 것도 이상한 일이라기보다는 오히려 자본의 본질 또는 국가의 본질을 파악하게 해주는 실마리이다. 앞서 말한 영국의 엔클로저 운동으로 수많은 농민들이 땅으로부터 분리되어 유랑민이나 거지, 도적 등의 형태로 떠돌았으며, 한 번 공장에 간 사람들도 비인간적인

공장 규율에 길들여지기를 거부하고 도망을 쳤는데, 봉건국가
는 이들 공장으로 돌려보내기 위해 폭력적으로 강제하는 법(구
빈법)을 만들어 통제했다. 예컨대 공장에서 도망갔다 잡히면 등
에다 'S' 자 도장을 찍게 하고 또 도망가면 한 쪽 귀를 베게 했
으며, 그래도 또 도망가면 바로 죽일 수 있게 했다. 실제로, 영
국 왕 헨리 8세 치하에서 그렇게 죽은 사람만 해도 무려 7만 명
이 넘었다.

　여기서 흥미로운 것은 당시 국가가 공장 노동을 강제하기 위
해 만든 법의 이름이 '구빈법救貧法'이었다는 점이다. 구빈법은 말
그대로 빈민을 구제하는 법이란 뜻인데, 진정으로 빈민을 구제
하려 한다면 그들에게 무엇을 원하는지 의사를 묻고 그들이 하
고자 하는 일이나 살고자 하는 방식에 국가가 해줄 수 있는 인
간적 지원을 해줘야 한다. 그러나 당시 봉건국가는 이미 신흥
부르주아의 요구와 필요에 부응하고 있었기에 말로는 구빈법이
었지만 실제로는 노동 강제법을 시행했던 셈이다. 이런 식으로
국가는 처음부터 자본의 필요에 걸맞게 행동하는 경향을 띠었
다는 점을 알아야 한다. 나아가 한 가지 더 유의할 것은, 국가가
내세우는 각종 법안이나 제도는 그 그럴듯한 이름에도 불구하
고 실제로는 자본가나 기득권층의 이해관계를 대변하기 쉽다는
것이다. 구빈법에 근거해서 만들어진 구빈원도 말로는 빈민을
구제하는 복지기관이었지만 실제로는 강제 노역소에 불과했다.
이것은 영화 〈쉰들러 리스트〉에도 나오듯, 수백 년 뒤 독일 나치

정권의 히틀러가 "노동은 (우리를) 자유롭게 한다"는 구호 아래 전국 곳곳에 강제노동 수용소를 세운 것과도 맥을 같이한다.

이런 일은 우리나라에도 있는데, 1961년 5·16쿠데타 이후 또는 1970년대 새마을운동 과정에서 농촌을 떠난 젊은이들이 마땅한 일자리를 찾지 못해 방황하거나 공장 노동을 하다 철통 같은 규율에 적응하기 싫어 '불량' 집단에 들어간 경우, 국가는 이러저러한 법을 적용, 이들을 감옥에 가두고 노역을 시켰다. 가장 대표적인 것이 오늘날 제주도에서도 볼 수 있는 '5·16 산업도로'인데, 당시 박정희는 쿠데타를 일으킨 뒤 감옥에 가둔 청장년들을 강제 노역에 동원, 삽과 괭이로 산길을 내고 도로를 닦게 했다. 마치 영화 〈쇼생크 탈출〉 같은 데도 나오듯 '일종의 규율 잡힌 노동을 통해 순종적 인간을 만든다'는 논리를 반영하는 것이다. 1979년 박정희 사망 뒤 1980년에 실권을 잡은 전두환은 '삼청교육대'를 만들어 반인간적인 규율 교육을 강요하기도 했다. 그 뒤 군사독재 시절도 아닌 민주정부 시기에 교육부가 '교육인적자원부'라는 간판을 내걸었을 때, 국가 주도 제도권 교육의 본질이 그대로 드러났다. 즉, 오늘날 국가가 교육제도에서 추구하는 목표가 자본을 위해 제대로 일할 '인적자원human resources'을 양성하는 것이라는 사실이 밝혀진 것이다. 한편, 오늘날은 '생산적 복지Workfare●' 또는 '고용보험 제도' 따위가, 국가가 노동시장에 개입함으로써 자본주의 노동을 사실상 강요하는 대표적인 방법이라 할 수 있다.

생산적 복지
'일하는 사람을 위한 복지'라는 뜻으로 1970~1980년대 경제위기를 맞은 영국에서 도입된 개념이다. 영국 정부는 기존의 적극적인 사회안전망이 노동 의욕과 생산성을 떨어뜨린다는 지적에 따라 복지 지출을 줄이고 대상도 제한했다. 예를 들어 실업수당을 직업훈련 참여를 통해 일할 의사가 확인된 자에게만 선택적으로 지원하는 것이다. 정부는 이렇게 절감한 복지비를 기업 투자로 돌려 재정 효율성을 꾀한다. 따라서 생산적 복지라는 말은 복지 대상보다 국가 재정의 생산성을 위한 정책에 더 가깝다.

왜 자신을 팔아야 할까

지금까지의 이야기를 요약하면, 자본주의 사회란 노동력을 가진 사람들이 자본력을 가진 기업 아래로 들어가 기업의 관리 및 통제를 받으며 일을 해야 먹고살 수 있는 시스템이라 할 수 있다. 여기서 노동력과 임금의 교환이 일어나는 사회적 공간이 바로 노동시장인데, 국가는 이 노동시장이 만들어지는 데 기여했을 뿐만 아니라 지금도 노동시장이 원활하게 작동하도록 개입하고 있다. 여기서 우리는 다음과 같은 하나의 의문을 해소할 수 있다. 왜 자본주의 사회에서는 사람들이 노동력을 팔지 않으면 생계가 곤란할까? 그 답은 노동력과 생산수단의 분리에 있다. 만약 농민이 자본주의 이전의 자영농처럼 자신이 땅을 가지고서 온갖 농기구를 가지고 자립을 위한 경작을 한다면 노동력과 생산수단이 통일되기에 노동시장에다 자신의 노동력을 팔지 않아도 된다. 그러나 우리가 앞에서 봤듯 농민이 토지에서 쫓겨나면서 결국 이러한 노동력과 생산수단의 분리가 일어났다. 그 배경에는 지주나 자영농을 몰락시키고 새롭게 부상한 상공업 계층 내지 부르주아 계급의 등장이 있다. 즉, 새로운 형태의 사회적 분열이 일어난 것이다. 그 사회적 분열과 경제적 분열은 불가분의 관계에 있다.

농촌의 땅이나 공동체로부터 쫓겨난 사람들은 처음엔 떠돌이로 돌거나 거지 노릇을 했지만 오랜 세월 동안 국가의 폭력적 처벌이나 강제된 법에 적용받으면서 자본주의적 노동에 길들여졌다. 공장에 갔던 사람들은 처음엔 도무지 적응이 힘들어 노동을 거부하고 도망가기도 했지만, 오랜 세월이 흐르면서 더 이상 도망갈 데가 없고 다른 생계 활동 거리도 없어지자 할 수 없이 포기하고 이제는 마지못해 공장노동에 길들여진다. 영국에서 16세기 무렵에 수많은 사람들을 죽이기조차 했던 구빈법 또는 유혈입법이 18세기 무렵이 되면서 사라진 것은 바로 이런 배경에서였다. 더 이상 강제적인 법이 없어도 사람들이 최소한 겉으로는 '자발적으로' 공장노동을 하겠다고 몰려들기 시작한 것이다. 이렇게, 겉보기엔 자유로운 선택으로 이뤄지는 노동의 이면에는 사실은 땅과 사람의 폭력적 분리, 그에 대한 사람들의 개인적·집단적 저항과 대안적 시도, 그러한 저항이나 대안의 실패, 그 실패로 인한 좌절과 체념과 같은 역사적·사회적 과정들이 배경으로 깔려 있다.

한편, 공장노동을 수행하는 사람들 중에 감독자나 관리자의 인정을 받아 승진하거나 대우를 받는 경우가 생긴다. 갈수록 기술이나 학력을 가진 사람들이 더 많은 기회를 누리고 대접을 받는다. 기업이 경영을 성공적으로 잘해서 그 규모가 커질수록 그곳에서 일하는 노동자에 대한 대접이 더 좋아진다. 그리하여 이제는 더 이상 (소외된 노동인) 공장노동에 대해 노동자들이 저항하는 것이 아니라 공장노동에 순응하고 관리자에게 인정받기 위해 노동자끼리 치열한 경쟁을 벌이게 된다. 기업 경영자들도 갈수록 노동자들을 체계적으로 관리할 필요성을 느끼게 된다. 바로 이런 맥락에서 19세기 말과 20세기 초, 미국의 F. W. 테일러는 기존의 '주먹구구식' 노동자 관리가 아닌 '과학적 관리'를 주창한다. 과학적 관리는 한편으로는 그나마 남아 있던 노동자의 숙련에 기초한 저항의 가능성을 차단하고, 다른 편으로는 가장 능률적으로 일하는 노동자에게 경제적 보상을 함으로써 노동에 대한 동기부여를 체계적으로 하는 것이었다. 1920년대가 되면 하버드대학교 연구팀을 중심으로 '인간관계론'이 발전한다. 이는 직원에게 인간적인 관심을 기울이고 감정을 중시하며 비공식 조직을 강조하는 등 일종의 사회공학적 관리를 통해 과학적 관리의 한계를 넘고자 했다. 그 뒤 경영 이론들이 더욱 발달하면서 개개인의 노동력에 대한 산업심리적·행동과학적·상황적합적·전략적 관리기법들이 발달한다. 오늘날 '리더십' 관련 이론들이 다양하게 발달한 것도 모두 이런 맥락에서다. 요컨대, 기존의 공동체적 사회관계들이 철저히 파괴되어 모래알처럼 흩어진 개개인의 노동자들이 갖게 된 내면적 공허감을 기업들이 능력에 대한 인정과 경제적 보상, 인간적 관심과 비공식 모임의 활성화, 조직적 승진과 출세의 전망 등의 체계적인 관리 기법들을 동원해 일정 부분 메워주려 하는 것이다. 그러면서 노동자는 마치 기업 세계가 기존의 생활 세계에 대한 불가피한 대안인 것처럼 수용하고 기업을 자신과 동일시하게 된다.

앞으로도 당분간은 이러한 기업 세계라는 틀 안에서 노동의 민주화나 인간화가 사회적으로 중요한 과제가 될 것이다. 그렇지만 장기적으로는 그 틀을 넘어 생산수단과 노동력의 분리를 지양해야 할 필요가 있다. 그리고 모든 사회 구성원들에게 최소한의 기본 소득을 보장하며, 노동 생산물이나 노동력, 토지와 화폐를 탈상품화하는 것, 더 이상 이윤을 위한 생산이 아닌 사회적 필요에 맞는 생산을 해나가는 것, 바로 이것이 인류를 한 단계 더 진보시킬 것이다.

노동을
보는 눈

3

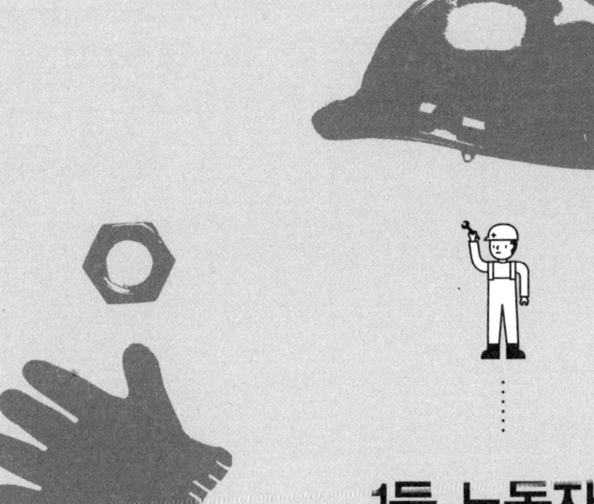
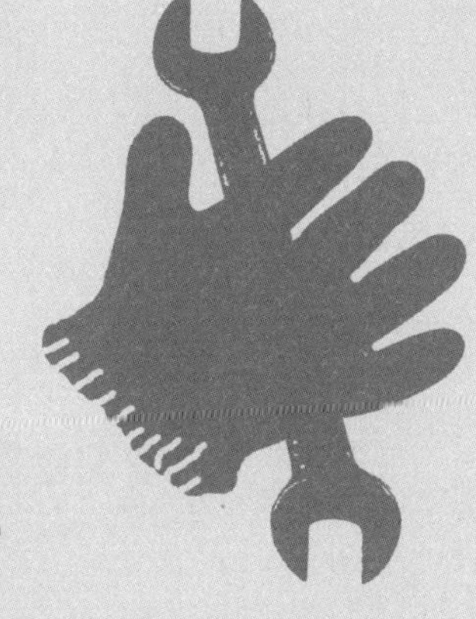

1등 노동자만
대접받는 세상

—

노동시장에서의 차별

왜 사람을 차별할까

분명히 근대 시민혁명의 상징인 프랑스 혁명의 인권선언문 제
1조에는 "인간은 나면서부터 자유로우며 평등한 권리를 가진
다"고 되어 있음에도 오늘날 우리가 경험하는 현실은 차별 투
성이다. 사실 노예제나 봉건제 등 이제까지의 사회경제적 체제
는 차별과 억압을 기조로 하는 계급 사회였다. 그런데 자본제
사회에서는 기본 인권으로서 자유와 평등, 박애와 소유를 존중
하는 것으로 되어 있기 때문에 차별이 정당화되기 어렵다. 그러
나 진정으로 아무런 차별도 하지 않고 모두를 평등하게 대하면
서 똑같이 분배한다면 자본은 이윤을 얻기 어렵다. 따라서 자본
의 관점에서는 '정당한 차별'이라는 개념을 만들어 널리 퍼뜨릴
필요가 생긴다. 그래야 일반 사람들도 부당한 차별이 아닌 정

당한 차별이니 어쩔 수 없이 수용해야 한다고 느낄 것이다. 바로 이러한 자본의 필요에 잘 부응하는 이론이 '인적자본론'이다.

인적자본론 또는 인간자본론은 사람을 일종의 자본으로 보고 인적자본에 대한 투자, 즉 교육 및 훈련이 많이 이뤄질수록 그 인적자본(사람)이 받는 보상도 크다고 한다. 물론 이 교육과 훈련은 자본의 필요, 즉 일 잘 하고 말 잘 듣는 노동력에 도움이 되는 내용이어야 한다. 만약 어떤 사람이 자본주의의 모순이나 기업들의 반인륜적 행태에 대해 날카로운 비판의 눈을 갖는 교육을 받았다면, 그 인적자원은 고용해서는 안 될 쓰레기 취급을 받거나 삼복에 가두어야 할 대상으로 여겨질 것이다.

이런 점에서 자본주의 경영학에서는 '능력에 따른 차별'을 정당한 차별로 본다. 당연히 이 능력이란 자본을 늘리는 데 도움이 되는 능력(여기에는 능력과 태도가 같이 포함된다)이며, 그 능력을 키우기 위해서는 자본이 원하는 방향의 교육과 훈련을 받아야 한다는 논리가 깔려 있다. 한편, 자본주의 사회나 기업에서도 부당한 차별이 무엇인지 정해놓고 있다. 부당한 차별이란 "정당한 이유 없이, 성·나이·외모·혼인·학력·출신·국적·인종·종교별 차이를 이유로 불이익을 주는 것"이다. 글자 그대로라면 지극히 당연하고 정당한 이야기다. 그것은 자본제 사회가 기본적으로 '개인의 능력'을 중시하는 사회이기 때문이다.

그런데 문제는 성별이나 연령별, 인종별 차이가 능력의 차이로 나타날 때, 또 학력이나 학벌 차이가 능력의 차이로 나타날 때, 정당한 차별인지 부당한 차별인지 애매모호해진다는 점이다. 오늘날 어느 회사도 신입 사원을 모집할 때 노골적으로 "만 몇 세 미만의 미모의 미혼 여성"과 같은 식으로 공고를 내지 않는다. 하지만 이력서에 사진을 붙여야 하고 학력이나 나이, 가족 사항이나 주소 등을 적어야 한다. 요즘은 이른바 '뽀샵'이나 '수술'도 많이 하기 때문에 면접 절차를 거치면서 사실 확인까지 행해진다. 나중엔 학벌 차이가 차별의 기준으로 작용하기도 한다. 게다가 한국 사회에선 실권을 쥐고 있는 상사와 친밀한 관계인지, 또한 노조 활동을 하는 사람인지 안 하는 사람인지 여부가 승진 기회 등에 중요한 잣대로 작용하기도 한다. 요컨대, 공개적인 차별이 아니라 은밀한 차별이 이뤄지는 셈이다. 그래야 법적·사회적 비판이나 처벌의 칼날을 피할 수 있기 때문이다.

게다가 한국에서는 노동운동이 대기업 남성 정규직들로 구성된 기업별 노동조합을 중심로 이뤄지면서 대기업과 중소기업, 남성 사업장과 여성 사업장, 정규직과 비정규직, 한국인과 이주민 노동자 사이의 격차가 갈수록 심하게 벌어졌다. 객관적으로 존재하는 차이가 주관적으로는 차별로 느껴지는 경우도 많다. 바로 이런 현실을 경험한 노동자들은 그 자녀들에게 "앞으로 네가 차별받지 않고 살려거든 이렇게 해야 한다"며 "공부를 잘해야…" 또는 "일류대를 나와야…"라고 강조한다.

이런 식으로, 노동자들끼리 소통하고 힘을 합치기보다 개인의 능력을 키우고 인정받으려는 경향이 강해지면서 노동자들

내부에서 분열과 경쟁이 심해진다. 그리고 이는 부당하고도 은밀한 차별의 틀 자체를 바꾸려는 노력보다 주어진 차별의 틀 안에서 보다 유리한 자리를 차지하려는 노력으로 이어진다. 그럴수록 자본의 입장에서는 노동 전반을 통제하기가 훨씬 쉬워진다. 즉, 노동자에 대한 차별은 자본에 유리한 것이다.

유리천장 부수기

노동력 관리에서 가장 대표적인 차별이 성차별이다. 이것은 역사적으로 먼 옛날 모계제 사회가 끝나고 그 뒤로 부계제 사회가 전개되면서 서서히 온 사회로 퍼진, 가장 오랜 역사를 가진 사회적 차별이다. 물론, 봉건제 시대인 조선 시대에 여성들은 학교 교육조차 남성과 대등하게 받지 못하는 등 여러 가지 차별을 받았다. 아직도 남아 있는 '집사람' 또는 '바깥양반'이란 말에서도 알 수 있듯이, 여성은 집안일, 남성은 바깥일을 주로 담당함으로써, 하는 일이 차별됐다는 것을 알 수 있다.

그러나 성차별이 가장 체계적이고도 구조적으로 이뤄지는 것은 역시 자본주의가 발달하면서부터다. 우선 자본주의 시대에도 초기엔 역시 남성들이 상업이나 공업에 주로 종사했다. 대부분의 수공업적 장인 노동자들이나 도제, 견습공들 역시 남성들이었다. 초기 노동시장의 구성원들이 대부분 남성들이었던 셈이다. 그러다가 효율성을 높이고 동시에 수공업적 장인 노동자들의 저항을 무너뜨리기 위해 자본가들이 체계적으로 고안한 기계를 사용하는 공장이 등장하면서 여성 노동자들이 노동시장에 대거 진출하게 된다. 자본가 입장에서 여성 노동력은 두 가지 장점이 있었다. 하나는 이들이 미숙련 노동자이기 때문에 임금을 남성의 절반만 주어도 된다는 것이다. 인건비가 반으로 줄었다. 둘째로 이들은 숙련된 기술이 부족하기 때문에 기업의 통제와 지시에 저항할 수 있는 여지가 적었다. 요컨대, 여성 노동력을 사용하면 인건비도 줄이고 저항도 줄이는 '두 마리 토끼'를 잡을 수 있었다. 물론, 여성 노동력과 함께 어린이 노동력도 널리 사용되기 시작했다. 초기 자본주의 광산에서 굴속에서 엎드린 채 탄차를 밀고 가는 어린이 노동자의 모습이 종종 사진에 등장하는 것도 모두 이런 배경에서이다.

초기 자본주의가 지나고 자본주의가 본격 발전하면서 여성들의 경제 활동 비중은 갈수록 높아졌다. 오늘날은 남성과 여성의 노동시장 진출은 거의 비슷한 수준에 이르렀다. 하지만 여전히 양성 평등은 거리가 멀다. 아직도 임금 수준은 여성의 임금이 남성의 임금보다 적어도 30%, 많게는 50%씩 차이가 난다. 노동조합 운동이나 여성 운동이 발달한 선진국일수록 그 격차는 작은 편이고, 그렇지 못한 후진국일수록 그 격차는 벌어진다. 더욱 중요한 점은, 여성은 승진을 할 때 일정한 수준을 올라가면 더 이상 올라갈 수 없는, 구조적 한계가 있다는 점이다.

전체적으로 노동시장 구성원 수는 남성과 여성이 거의 비슷한데도, 최고경영자CEO 등 고위층 수준에서는 여성이 많아야 20% 정도이거나 대체로 그 미만이다. 이것은 남성 가부장주의가 지배적인 사회구조상의 문제, 여성이 남성과 동등한 능력을 발휘하기 어려운 조직문화 및 사회풍토, 아직도 불평등한 가사 및 육아 노동의 분배, "여자가 뭘…" 하는 편견 등 가정·기업·사회에서의 전반적인 환경이 그 원인이다. 특히 기업 조직 내부에 있는 여러 가지 장애물들은 여성이 남성과 대등한 수준으로 상승하는 것을 방해하기 일쑤다. 이것을 눈에 잘 보이지 않는 상승 장벽이란 뜻에서 '유리천장glass ceiling'이라고 부른다.

세계의 여러 나라들은 여성의 상승을 가로막는 유리천장을 부수기 위해 다양한 제도적 방안을 제시하고 있다. 한국 사회는 특히 유리천장이 방탄유리처럼 단단하기 때문에 부수기가 쉽지 않다.(경향신문, 2011. 1. 19)

　　그래서 각 나라들에서는 이 '유리천장'을 깨기 위해 '여성임원 할당제' 같은 제도를 도입하는데, 유럽의 경우 독일이 2001년부터 자발적 여성임원 할당제를, 그리고 2003년엔 노르웨이를 시작으로 스페인(2007), 프랑스와 네덜란드(2010) 등이 주요 상장기업 임원직의 최소 1/3 이상을 의무적으로 여성에게 할당하도록 하고 있다. 최근엔 독일의 30대 기업도 자발적으로 유리천장을 없애자고 나섰는데, 일례로 도이체방크는 2018년까지 간부급의 여성 비율을 현재의 29%에서 35%까지 늘리기로 했고, 지멘스는 현재의 10%에서 2015년까지 13%로 올리기로 했으며, 아디다스도 현재의 28% 정도를 2015년엔 32~35%까지 높이기로 했다. 한국이나 일본의 경우 기업의 이사들 중에서 여성이 차지하는 비중은 1%밖에 되지 않는다. 노르웨이의 36%, 스웨덴의 23%, 핀란드의 21%, 미국이나 캐나다의 11%에 비하면 터무니없이 낮은 편이다.

　　결국, 유리천장 문제는 일반적인 노동운동 및 여성운동의 종합적 결과를 반영한다고 볼 수 있다. 그런데 한국의 경우, 2010년에 여성 노동자의 임금 수준이 64% 정도인 것을 볼 때 한국 사회에서 여성 노동자에 대한 차별이 어느 정도나 심한지 잘 알 수 있다. 게다가 비정규직의 2/3가 여성이라는 사실, 같은 비정규직이라도 여성의 임금이 남성의 임금보다 20~30% 적은 현실은 단순한 노동시장 참가율이 문제가 아니라 그 참여의 내용이나 질이 문제임을 일깨워준다.

한 걸음 더 나아가, 우리는 과연 무한 경쟁 속에서 벌어지는 경제 활동, 돈과 권력을 쥐기 위한 남성 중심의 경쟁 세계에서 과연 여성이 남성과 동등한 비중이나 지위를 차지한다는 것이 무슨 의미를 지니는지에 대해서도 고민할 필요가 있다. 앞서 말했듯 참여의 비율이나 크기가 아니라 내용이나 질이 더 중요하다는 관점에서, 우리가 추구하는 삶의 방향이 얼마나 인간적이고 생태적인가 하는 문제가 판단의 궁극적 기준이 되어야 하기 때문이다. 그런 성찰과 기준이 없는 상태에서 여성이 남성과 동등한 지위를 가지는 걸 추구한다면 자칫 현재 잘못 굴러가고 있는 남성 위주의 경제 및 경영 활동에서 여성들도 동일한 오류를 저지르는 것으로 귀결될 수 있기 때문이다. 결국, 일차적으로는 남성과 여성의 평등을 중시해야 하지만, 이차적으로는 남녀 모두가 직면한 현실의 잘못된 구조와 의식을 함께 타파하는 데 힘을 합쳐야 할 것이다.

"사장님 나빠요"

앞서도 간략히 언급했듯이, 요즘은 "몸매가 좋고 얼굴이 잘생긴 남녀 모집"과 같은 공개 채용 광고는 불법이다. 그것은 자본주의에서 기업이나 법률 스스로가 내세우듯, "능력과 무관한" 점을 기준으로 차별하는 것은 정당한 차별이 아니기 때문이다.

그런데 노골적으로 부당한 차별이 이뤄지는 경우도 있다. 바로 인종 차별 또는 국적 차별이다.

대개 우리는 '외국인' 노동자라는 말을 잘 쓴다. 그것은 한국인 또는 내국인과 대비해서 하는 말이다. 우리가 중국이나 동남아 출신의 '외국인' 노동자가 생활하고 일하는 상황을 보면, 상당히 차별을 받고 있다는 사실을 알 수 있다. 예컨대, 한국인 감독자나 동료로부터 폭행을 당하거나 욕설 등 언어폭력을 경험하는 경우가 많고, 임금도 대단히 차별적일 뿐 아니라 외국인이라고 또는 '불법' 노동자라고 임금을 정해진 날짜에 잘 주지도 않는다. 게다가 직장에서만이 아니라 길거리나 음식점에서도 그들은 다른 사람들로부터 존중 또는 배려를 받지 못하고 멸시당하는 경우가 많다.

한편, 미국이나 유럽 등지에서 온 선진국 출신의 백인들은 지나치게 우대를 받는다. 그들은 대개 다국적 기업의 직원이거나 원어민 강사, 고학력 전문직, 엔지니어나 사업가들이 많다. 결국, 우리는 후진국에서 온 '외국인'들은 지나치게 낮추어 보고, 반면에 선진국에서 온 '외국인'들은 지나치게 우대하는 시각, 즉 '이중 잣대'를 갖고 있는 셈이다. 따지고 보면 한 사람을 있는 그대로 보지 않고, 그 자체로 존중받아 마땅한 인격체로 보지 않고, 마치 가격이 매겨진 상품을 보듯 하나는 멸시하고 하나는 우대하는 이런 관점이야말로 이 세상에 존재하는 모든 차별의 기초이다. 이런 잘못된 시각은 하루빨리 버려야 할 것이다.

사실 선진 자본주의 나라들이 원료 공급지와 새로운 시장을 개척하기 위해 너도나도 식민지 개척에 나섰을 때도 그들은 이런 차별적 시각을 가지고 있었다. 예컨대, "아프리카 사람들은 게으르고 아시아 사람들은 미신을 믿는다"는 식의 인식 말이다. 사실, 이 세상 모든 사람들은 저마다 나름의 마을 문화나 토착 문화를 발전시키며 살아왔다. 그런데 식민지 개척에 나선 제국주의 나라의 관점에서 보면 그러한 고유의 문화들은 모두 계몽의 대상이었으며 개화의 대상이었다. 그들은 그들 눈에 비친 '야만'의 문화를 시장의 논리, 자유무역의 논리, 자유경쟁의 논리로 바꾸려 했고, 그래서 현지 사람들에게 '너희는 열등하다'는 차별적 의식을 주입시켰다. 이것은 일본제국이 조선을 침략하여 지배할 때와 동일한 논리이다. 그리고 이것은 히틀러가 한편으로는 자민족의 우월성을 광신하고 다른 편으로는 유대인의 사악함을 대비시켜 세계대전을 일으키고 무려 600만 명에 이르는 유대인을 몰살한 대학살을 저질렀던 논리와도 동일하다.

이 모든 일의 핵심에는 이 세상 사람들을 동등한 인격체로 보지 않고 우열 또는 서열을 매긴 뒤에 지배하고 착취하려는 잘못된 논리가 있다. 따라서 "이 세상 모든 사람은 주인이자 나그네"라는 시각을 공유하는 것, 그래서 누구나 이 세상과 사람을 소중하게 대해야 한다는 것, 모두가 동일한 인격체라는 것, 이런 관점을 공유하고 그 관점 위에 자율적이면서도 열린사회를 만들어야 한다.

능력 차별은 정당한가?

　앞서 봤듯이 자본주의 사회에서는 '부당한 차별'은 원칙적으로 금지돼 있지만 '능력'에 따른 차별은 정당한 것으로 간주된다. 실제로, 수많은 사람들이 그 우수한 능력 덕분에 남보다 좋은 조건에서 남보다 더 좋은 전망과 기회를 누리며 일하고 있다. 문제는 이런 우수한 능력을 과연 몇 명이나 지닐 수 있느냐는 점이다. 게다가 보다 근본적으로 자본주의 사회 내지 자본주의 기업이 요구하는 능력이란 과연 어떤 능력을 말하는가 하는 점도 좀 더 깊이 생각할 필요가 있다.

　사실, 오늘날 기업에서 우수한 능력을 지니고 우대받을 수 있는 사람들은 많아도 30%, 보통은 10% 정도라고 한다. 심지어 어떤 기업은 "5%의 우수한 인력이 95%를 먹여 살린다"는 말까지 할 정도다. 우수한 능력을 발휘하여 남들보다 우대를 받을 수 있는 사람들은 소수에 불과하다. 초등학교에서 대학에 이르기까지, 수많은 시험과 경쟁을 치르는 것도 이 소수를 뽑기 위해서이다. 기업이 원하고 높게 대우해주는 인재는 항상 소수이기 때문에 아무리 노력해도 대다수는 낮은 대우를 받을 수밖에 없다. 그렇기 때문에 오늘날 교육과 직장에서 중요한 것은 한 사람의 잠재력과 꿈을 계발하여 자아실현을 하고 나아가 사회 헌신을 하는 것이 아니라, 기업의 필요에 걸맞은 능력을 갖추는 일이다. 물론 그러한 틀에 잘 순응하여 나름대로 만족을 얻

고 사는 사람도 많지만, 그 과정에서 한계와 실망을 느끼면서
도 '생계' 문제 때문에 아무런 변화의 시도도 하지 못하고 참고
있는 경우도 많다.

　다음으로 생각해볼 문제는, 과연 그러한 개인의 능력이 자유
롭게 발전하고 발휘될 수 있느냐 하는 점이다. 원론적으로는
자본주의 사회에서 모든 사람은 자유롭고 평등하기 때문에 개
인이 자기 능력을 발휘하는 데도 아무런 장애가 없는 듯 보인

다. 하지만 현실에서는 이미 개인이 처한 사회적 조건들이 커다란 장애가 되는 경우가 허다하다. 가장 대표적인 예는 부모의 능력이 자식에게 대물림되는 일이다. 여성의 경우 가사 노동과 직장 노동이라는 이중 삼중의 부담을 져야 하는 사회적 분위기로 말미암아 자신의 역량을 마음껏 발휘하기 힘들다는 점도 들 수 있다. 특히 사회 양극화는 교육의 양극화로 이어져, 상류층 아이들은 좋은 학원·좋은 과외·좋은 연수·좋은 정보 따위의 기회를 많이 누릴 수 있어 다른 아이들보다 훨씬 유리하다. 결국 일류대학 입학 가능성은 부모의 능력에 따라 많이 좌우되고, 그것은 당연히도 노동시장에서 더 좋고 많은 기회로 연결된다. 이런 식으로, 이미 경제적 차이와 성별 차이가 구조적인 차별로 연결될 위험이 높은 현실에서 누구나 동일한 역량을 발휘하기 어려운 게 명백한 사실이다.

마지막으로 생각할 점은, 과연 자본주의 기업이 요구하는 개인의 능력이란 무엇인가 하는, 보다 근본적인 질문이다. 두말할 필요도 없이 그 능력이란 돈 버는 데 도움이 되는 능력이다. 그것은 일 잘 하는 능력과 더불어 말 잘 듣는 자세까지 포함한다. 전자는 노동능력, 후자는 노동자세라 할 수 있다. 노동능력에는 건강한 신체, 각종 언어실력, 학력과 기술을 증명할 각종 졸업장과 자격증, 대인관계 기술, 창의성과 유연성, 문제해결 능력 따위가 포함된다. 노동자세에는 성실성, 책임감, 복종심, 완벽성, 충성심 따위가 포함된다. 결국 기업이 요구하는 능력이란 이윤을 추구하는 데 도움이 될 역량이며, 이는 한 사람이 인간적인 모습으로 살아가는 데 필요한 것들과는 큰 차이가 있다. 특히 기업과 사회가 개인의 능력을 강조하다 보니, 공동체적 인간관계가 약화하고 이기적인 심성이 갈수록 조장된다. 비록 기업에서도 동아리 모임이나 일과 후 회식 같은 행사를 통해 공동체적 관계를 복원시키고자 하는 노력을 하긴 하지만 대단히 제한적인 범위에서만 가능할 뿐이다. 원래 개인individual이란 더 이상 나눌 수divid- 없는in- 존재라는 뜻을 갖고 있는데, 이것은 우리 각 개인이 하나의 커다란 공동체community로부터 나왔다는 말이다. 즉, 개인은 그냥 나 홀로 개인이 아니라 공동체적 관계 속의 개인이다. 그래서 개인의 개성이나 취향도 존중되어야 하고 공동체적인 관계망이나 사회 전체의 공동선도 존중되어야 한다. 그러나 자본주의 기업이 요구하는 인간상은 공동체나 사회 같은 차원보다는 개인을, 그것도 그 개인의 꿈이나 끼보다는 자본 입장에서 돈벌이에 도움이 되는 능력과 자세를 강조한다. 정당한 차별의 기준이란 것이 실상은 이런 것이다. 그나마 정당한 차별의 경계선도 무색하게 실제로는 성차별, 인종차별, 국적차별, 지역차별 등이 광범위하게 행해지고 있다. 따라서 부당한 차별의 개선은 물론, 정당한 차별조차 그 실상을 잘 따져 문제와 모순은 지속적으로 고쳐나가야 한다. 그래야 모든 사람이 사람답게 사는 세상을 만들 수 있지 않을까?

노동을
보는 눈
4

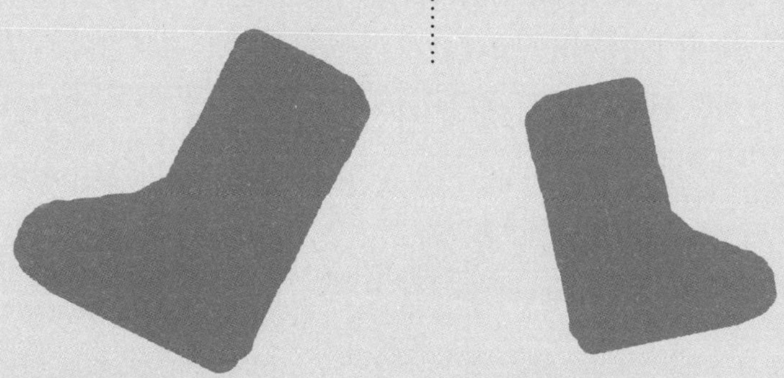

마음대로 해고할 자유
VS
마음 편히 일할 자유

—

노동유연화는
삶의 경직화

유연한 노동, 경직된 삶

노동유연화라는 말이 널리 쓰이기 시작한 것은 1980년대 이후 시기인데 이 시기를 신자유주의 시대라 한다. 신자유주의는, 앞서도 살폈지만, 구자유주의에 대비되는 말인데, 구자유주의는 주로 18세기 애덤 스미스로 상징되는 고전적 자유주의 이념이다. 고전적 자유주의는 당시까지만 해도 힘이 세던 봉건 세력(왕, 귀족, 종교, 영주나 지주 등)에 맞서서 국가 간섭의 배제와 영업 활동의 자유, 사유재산권, 자유 시장, 시장 경쟁 따위를 강조하고 관철시키려는 이념이었다. 이렇게 구자유주의는 봉건주의 사회에서 자본주의 사회로 넘어가는 과도기에 일종의 이론적 지침이 되었던 셈이다.

그러나 구자유주의는 겉으로는 자유 경쟁을 강조했지만 결국에는 과점과 독점으로 귀결되었고, 마침내 대내적으로는 공황과 실업을, 대외적으로는 제국주의와 전쟁을 불러왔다. 구자유주의의 위기, 자본주의의 위기가 닥친 것이다. 이 시점에 경제학자 존 메이너드 케인스가 주창한 케인스주의가 대안으로 등장했다. 케인스주의는 이제 국가가 경제에 개입해서 일자리도 만들고 노동권도 보호하며 사회복지도 구축해야 한다고 강조했다. 그러면 공장에 쌓인 상품이 팔려서 공장이 돌아가고 공황이나 실업 문제가 해결된다는 것이다. 이르면 1930년대부터, 늦어도 1945년 제2차 세계대전 이후부터 미국이나 유럽 사회에 구현된 것이 바로 이 케인스주의를 중심으로 한 복지국가 자본주의다. 이것을 포드주의Fordism 시대라고도 한다. 자동차 회사 포드가 컨베이어 벨트 시스템을 이용한 높은 생산성을 바탕으로 노동자들에게 고임금을 주고 그 노동자들이 그 돈으로 자동차를 살 수 있었던 것처럼, 대량생산과 대량소비가 잘 결합되었다는 의미에서 온 이름이다. 서양에서는 이 시기가 대체로 1970년대 초까지 지속되었다. 이른바 고도의 경제성장기였다.

그러나 이 시기도 나름의 모순을 안고 있었는데, 한편으로는 갈수록 노동자들이 무미건조한 노동과정에 저항하기 시작했고, 다른 편으로는 복지국가의 재정 적자가 갈수록 심해졌다. 더 근본적으로, 자본의 이윤율이 심하게 떨어지기 시작하면서 자본 입장에서는 새로운 전략이 필요해졌다. 그래서 나온 것이 1980년대의 신자유주의 이념이다. 이것은 초국적 자본을 위해 국경을 개방하고 온갖 규제를 없애며 공공 부문을 사유화하고 기업이나 노동을 유연화해서 온 세상을 하나의 공장, 하나의 시장, 하나의 이윤 공간으로 재편하려는 시도이다. 결국, 노동유연화란 노동에 대한 자본의 역공인 셈이다. 바로 이런 맥락에서 노동유연화 개념을 이해해야 사태를 올바로 볼 수 있다.

그러면 노동유연화의 구체적 내용은 대체 무엇일까? 크게 세 가지로 나눌 수 있다. 첫째, 수량적 유연화로서, 해고를 자유롭게 하거나 비정규직의 사용을 쉽게 하거나 낮밤을 가리지 않는 식으로 노동시간을 탄력 있게 짜는 것이다. 둘째, 기능적 유연화로서, 노동자가 한 가지 일만 수행하게 하는 것이 아니라 여러 가지 일을 수행하게 한다든지, 시간이나 장소를 가리지 않고 언제 어디서나 과업을 잘 수행하게 만드는 것이다. 셋째, 보상적 유연화는 노동자에게 보상을 할 때 그 기준을 연령이나 근속연수, 학력보다는 갈수록 능력이나 성과, 업적에 비례해서 보상하는 것이다. 이것은 임금 인상에도 적용되고 승진에도 적용된다.

물론, 노동자의 입장에서도 어느 정도의 노동유연화는 필요하기도 하다. 예를 들면, 하루 종일 회사에 묶이기보다는 오전에만 일하고 오후에는 자유를 즐기거나 아이와 함께 있고 싶은 경우가 있다. 또, 굳이 회사로 출퇴근을 하지 않더라도 가끔 집에서 일할 수 있기를 바랄 수 있다. 나아가 한 가지 일이 아니라 자기계발을 위해서도 두루 일을 익히고 싶을 수도 있다. 마찬가지로 단순히 경력에 따라 월급을 받는 것이 아니라 자신의 능력 향상, 조직 헌신, 성과 증대를 바탕으로 진정으로 인정받고 보상받고 싶은 마음도 있다. 이런 맥락에서 노동유연화는 어떤 맥락과 관계에서 실시되는가에 따라 노사 갈등이 아니라 노사 화합으로 이어질 여지도 있다. 그러나 문제는 우리의 현실에서 노동자의 소망과 요구보다는 기업의 필요와 명령에 따라 노동유연화가 이뤄진다는 점이다. 특히, 사회보장 제도가 미비하고 온갖 차별이 심한 현실에서 이뤄지는 구조조정과 노동유연화란 대체로 대량 해고와 비정규직의 급증으로 이어지니 노사간 분쟁이 멈출 날이 없다.

이런 식으로 노동시장과 직장에서 신자유주의적 유연화가 심하게 적용되면서 이제 노동자의 삶은 더욱 불안정해지고 더욱 자본의 힘이 노동자의 삶을 좌우하게 되었다. 겉으로는 노동이 유연해지고 유동적으로 되어 자유로운 '유목민' 생활을 할 수 있는 것처럼 보일지도 모르지만, 실제 삶에서는 사람들이 갈수록 더 많이 삶의 자율성을 잃고 일자리나 돈벌이에 매달려야 한다. 결국, 노동이 유연해질수록 노동자의 삶은 경직되어가는 것이다.

정리해고: "내가 짤리면 우리 애들은 어떻게 하지?"

한국에서 구조조정이란 정리해고와 동일한 의미로 쓰인다. 원래 구조조정이란 대체로 기업의 전반적인 경영 구조를 혁신하는 것으로, 변화와 발전을 위해 필요한 것이다. 그러나 지금 자본주의 경영 환경에서는 전지구적인 무한 경쟁이 벌어지고 있고 있기 때문에, 구조조정의 구체적인 모습이 기업과 사회를 사회에 유익한 방향으로 혁신하는 방향으로 가기보다는 오로지 단기적인 경쟁력 향상을 위해 비용을 절감하고 생산량이나 매출액을 늘리는 방향으로 가는 경향이 있다. 바로 이런 맥락에서 구조조정의 일환으로 정리해고가 인건비 절감의 우선순위를 차지하게 된다. 물론, 정리해고는 한국만의 현상은 아니다. 자본주의 기업이라면 이 세상 어느 기업이라도 인건비 절감을 통한 경쟁력 향상의 압박에 시달린다. 하지만, 유럽의 많은 기업들이 일정한 임금 감축 및 노동시간 단축을 동반하는 일자리 나누기를 통해 대량 해고를 피하는 반면, 미국이나 한국은 별다른 대책 없이 일자리 없애기, 즉 정리해고를 해버리는 경향이 있다. 그나마 미국은 노동시장 진입의 유연성도 높아 새로운 일자리를 쉽게 얻을 수 있는 반면, 한국은 노동시장 진입의 유연성이 낮아 새로운 일자리를 얻는 것은 매우 어렵다. 물론 미국이나 한국 모두에서 새로운 일자리라 해도 안정된 정규직 일자리보다는 불안정한 비정규직 일자리가 더 많다는 공통점이 있다.

한국에서 대대적인 정리해고 바람이 온 사회를 강타하기 시작한 것은 1997년 말의 'IMF 구제금융' 시기이다. 사실, 1960년대 박정희 군사정권에서 시작된 산업화 시기와 1980년대 전두환·노태우 군부정권의 고도 성장기 때만 해도 국가 권력이 독점 재벌을 키워주면서 상호 유착관계에 있었다. 그러나 갈수록 세계자본의 압력이 거세지면서 신자유주의적 개방과 탈규제화가 이뤄지는데, 마침내 1990년대 김영삼 정부 이후 '국제화'나 '세계화'가 국가적 목표로 공식 채택되면서 한국은 세계자본에 대대적으로 문을 열게 된다. 이제 각종 투기성 금융자본이 단기적인 시세차익을 노리면서 대량으로 들어오고 다국적 기업들도 새로운 이윤 창출 공간을 찾아 대거 들어온다. 그런데 사실은 당시 한국 자본주의 역시 이미 이윤율 저하 위기에 내몰린 처지여서 단기 이윤을 추구하는 외국 자본들도 불안해하던 상태였다.

그리하여 이미 1996년부터 한국 자본주의는 심하게 흔들린다. 한편, 세계자본의 입장을 대변하는 IMF · 세계은행 · WTO 입장에서는 약 40년 동안 강력한 국가의 통제 아래 있던 한국 경제를 세계경제 체제 안으로 편입시킬 수 있는 절호의 기회였다. 이들은 이 기회를 맞아 한국 경제를 노동유연화를 중심으로 하는 신자유주의 체제로 바꾸려 했다. 그 핵심 수단은 바로 250억 달러에 이르는 '구제금융'이었다. 빌린 돈을 갚지 못해 무너질 위기에 처한 기업이나 은행들을 구하기 위해 정부가 IMF로부터 돈을 빌렸는데 그 조건으로 자신들의 요구를 제시한 것이다. 한편, 한국 기업의 입장에서 이는 그간 성장한 노동운동을 약화시키고 노동자의 권리를 박탈할 절호의 기회였다.

바로 이런 맥락에서 김영삼정부 말기이자 'IMF 구제금융' 직

1998년 IMF 구제금융을 받으면서 구조조정이란 이름의 정리해고 사태가 일어났다. 수만 명이 일자리를 잃고 실업자가 되었다. 그 이후로도 구조조정은 노동유연화를 위한 마법의 기술이 되어 수많은 노동자의 삶을 불안정하게 만들었다.

올 정리해고 6만명 넘어

방용석의원 주장…노동부 통계의 13배

올들어 지난 8월말까지 명예퇴직이나 권고사직의 형태가 아닌 순수 정리해고 근로자는 6만여명에 이른다는 주장이 제기됐다. 이는 노동부 공식발표인 1,404명보다 13배 이상…

방의원은 「노동부의 통계는 일정규모 이상을 정리해고했을 경우 의무적으로 신고토록 돼있는 사업장만 집계한 것」이라며 실제 신고고 지적했다.

부당하게 정리해고 됐다며 노동위원회에 구제신청을 낸 건수는 이보다 5배나 많은 404건인데서도 잘 나타난다고 방의원은 주장했다.

실제 서울 동부지방노동사무소 관할 T사업장에서는 근로자 150…

대우自 "2,995명 정리해고

사무530, 생산직2,465명

선정기준등 노조에 통보

사측 내일까지 휴업돌입

기업·은행 퇴출에 공기업·中企도 감원바람

실업大亂 직면

곧 추가퇴출·정리해고…연말 '200만명'돌파

대기업 본격가세땐 勞使마찰등 심각한 국면

현대自 2,678명 정리해고

대리이하·생산직 대상 개별통보

대기업 '정리해고 태풍' 몰아친다

삼성·LG·대우·효성등 줄줄이 대기

현대自이어 삼성 LG에서만 3만명 감원추진

언론사 해고 2천명 넘어

광고축소 경영난여파…노조 "회피노력없이 마구잡이" 반

정리해고…명예퇴직…일괄사표…무급휴직…

지역 신문·방송사 마구잡이 감원

지역경제 한파로 중앙 언론사보다 고강도

"명확한 원칙 제시하라" 직원들 강력 반발

전인 1997년 초에 정리해고 법안이 만들어졌고, 이어 등장한 김 대중정부는 그런 법제를 근본적으로 고치기보다는 그 부작용을 완화하면서 실질적으로는 정리해고를 양산하는 총괄적 관리를 해나갔다. 정리해고 사태가 가장 심각했던 국면은 1998년 초였는데, 당시엔 매일같이 수천 명이 일자리를 잃고 길거리로 내몰렸으며, 하루에도 수십 명씩 자살하는 사태가 발생하곤 했다. 어느 대기업 부장은 오랫동안 같이 일했던 부하 직원을 정리해고하는 '살생부'를 작성한 뒤 마음이 너무나 괴로워 자살해버리기도 했다. 온 사회가 정리해고 광풍에 휩쓸리지, 한편에서는 노동조합을 중심으로 정리해고 반대 투쟁이 거세졌고, 다른 편에서는 살아남기 위해 눈치 보며 죽도록 일하다가 심근경색이나 뇌출혈 등으로 과로사하는 사람들이 급증하기도 했다. 포괄적인 사회보장 제도가 미비한 한국 사회에서 정리해고를 한다는 건 쓸모없는 존재라는 낙인을 찍는 것과 다름이 없었다. 1990년대 말의 정리해고 광풍은 한국인들에게는 마치 한국 전쟁처럼 일종의 '집단적 상흔'을 안겨주었다고 할 수 있다.

비정규직: 현대판 노예?

정리해고와 더불어 노동유연화의 대표적 수단으로 등장한 것이 비정규직이다. 사실, 정규직이 과연 무엇인가 하는 차원의 근본적 문제 제기도 가능하지만, 현실에서 비정규직은 구체적인 차별의 모습으로 다가와 인간적 고통의 원인이 된다.

비정규직이란 크게 세 가지 차원으로 정의할 수 있다. 하나는 계약기간인데, 쉽게 말해 정년이 보장되지 않는다. 일용직, 임시직, 계약직 등이 그 예다. 둘째는 노동시간인데, 풀타임이냐 파트타임이냐 하는 차원이다. 전형적으로는 9시 출근, 6시 퇴근이라는 공식에 따라 출퇴근을 하는 것이 풀타임이다. 파트타임은 시간제 근로 또는 아르바이트 등으로 불린다. 대개는 서너 시간씩 일하거나 한나절씩 일하지만, 어떤 경우엔 하루 종일 일하면서도 시간제라 하기도 한다. 셋째는 소속 조직인데, 직접 고용된 회사에서 일을 하면 정규직 직원이지만, 다른 회사에 파견되거나 용역 회사 소속인 경우 비정규직이다.

현재 한국의 비정규직 노동자는 총 1600만 명 중 60%에 가까운 900만 명 내외로 추정된다. 비정규직을 어떻게 정의하는가에 따라 그 추정치가 35% 정도로 낮아지기도 한다. 비정규직이 너무 많고 차별이 심하다는 비판이 거세질수록 보수 학계가 비정규직의 범주를 좁게 해석해 숫자를 적게 제시하기 때문이다. 한편, 동일한 비정규직 안에서도 여성과 청소년, 이주민은 더 차별받는다. 우선 전체 비정규직 중에서 여성이 60~70%를 차지할 뿐 아니라 동일한 비정규직 일을 하더라도 여성은 남성이 받는 임금의 60~70%만 받는다. 청소년은 대개 한시적으로 인턴십이나 아르바이트를 하면서 저임금 노동자가 되는데, 사회보장은커녕 정식 노동권 인정을 받지 못한 채, 최저임금 또는 (3개월 수습기간인 경우엔) 최저임금의 90% 수준만 받는다. 현재 약 60만 명으로 추정되는 이주노동자들은 최장 3년 동안 고용계약이 보장되는 고용허가제 안에서 일자리를 구하는데, 이동의 자유나 실질적 노동권이 보장되지 않으며 같은 일을 하는 한국 노동자에 비해서 차별을 당한다.

이렇게 비정규직은 고용 계약을 1년 단위로 연장하거나 정년이 보장되지 않기에, 노동과 생활이 극히 불안정하다. 나아가 임금이나 보너스, 경력 개발, 교육, 승진 등 여러 치우에서 차별이 심하다. 하다못해 회사 창립 기념일 때 받는 기념품조차 정규직과 비정규직 사이에 차별이 있다든지, 같은 식당에서 밥을 먹더라도 작업복 색깔이 다르기 때문에 다른 사람들로부터 받는 시선조차 차별적이라든지 하는, 일상적 차별이 더욱 절망감이나 좌절감을 느끼게 한다. 더 기가 막힌 것은, 파견직이나 기간제 근로의 경우, 2년 넘게 계속 일을 하는 경우에는 정규직으로 고용하도록 법으로 정해져 있으나 실제로 정규직이 된 사례는 많지 않다는 사실이다. 물론 비정규직과 정규직의 중간 형태인 무기 계약직 또는 중규직이 도입된 사례가 있기는 하나 이것도 정규직 고용을 회피하는 한 방편에 불과하다.

사실 현실에서 법은 비정규직 노동자 문제를 해결하지 못하고 있다. 법원이 여러 차례 현대자동차가 불법적으로 사내하청 노동자를 고용하고 있다고 판결을 내렸지만 전혀 아랑곳하지 않고 있는 것이 그 예이다. 비정규직 노동자를 정규직으로 전환하라고 명령을 내렸지만 현대자동차는 아무런 조치를 취하고 있지 않다. 이렇듯 자본이 배짱을 부리면 속수무책인 것이 우리 현실이다.

자본주의 기업의 다양한 차별 중에서도 정규직과 비정규직 사이의 차별은 각 개인의 마음에 가장 큰 상처를 남긴다. 원래 생산수단과 노동력이 통일되어 있던 살림살이가 차츰 분리되면서 '노동' 자체가 폭력적이고 상처를 주는 것이 되었다면, 이제 '비정규' 노동은 그런 상처를 한층 더 보태 거의 치유가 불가능할 정도로 만든다. 여기에 더해서 앞서 말한 다양한 차별들은 노동자의 상처를 누적적이고 복합적으로 만들어 어떻게 손을 써야 할지 모를 정도다. 바로 이런 점으로 말미암아 사람들은 더욱 외톨이가 되고 속으로 곪고 있기 때문에 참된 사회 변화를 위한 소통과 연대가 갈수록 어려워진다.

한편, 갈수록 많은 기업들은 '동희오토'처럼 비정규직만의 회사를 만들고 있다. 동희오토 공장에서는 기아자동차 제품인 '모닝'을 생산하고 있지만, 이곳에서 일하는 노동자들은 전원 기아자동차의 직원이 아니며 하청기업 소속이다. 당연히 정규직보다 훨씬 못한 대우를 받는다. 기존의 회사들도 정규직을 정리해고하거나 퇴직 후 빈자리를 비정규직으로 메워나가고 있다. 그리하여 20~30%만 정규직으로 채우고 나머지 70~80%는 비정규직으로 채우려는 경향이 있다. 갈수록 심해지고 있는 사회적 양극화는 이러한 노동시장 양극화에 그 근본 원인이 있다.

유연안정성 vs 유연불안정성

노동유연성flexibility을 강화하면서도 생활안정성security에는 신경을 별로 쓰지 않는 북미권이나 한국과는 달리, 유럽에서는 비교적 일찍부터 노동유연성과 생활 안정성을 동시에 추구하는 노력이 있어왔다. 이것을 하나의 단어로 유연안정성flexicurity이라 한다. 유럽연합 차원에서 '성장과 고용을 위한 통합 지침'(제21조)을 통해 각 회원국들이 유연성과 안정성을 결합한 유연안정성 모델을 채택하도록 권고할 정도이다. 이 유연안정성 모델로 가장 유명한 나라가 네덜란드와 덴마크다.

네덜란드의 경우, 1980년대 초반만 해도 '네덜란드병*'이란 말이 돌 정도로 실업자가 80만 명(실업률 14%)에 이르렀고 이들을 위해 지출되는 사회복지 비용이 급등하는 상황이었다. 마치 영국의 대처 수상이 등장할 무렵 유행했던 '영국병' 같은 현상이 네덜란드를 강타했다. 그러나 약 15년이 흐르면서 실업률은 1998년 6% 정도로 떨어졌다. 유럽연합 안에서도 놀라운 일이었다. 이후에도 네덜란드의 실업률은 낮은 수준을 유지하며 비교적 안정된 사회를 유지하고 있다. 심지어 어떤 이는 '고용 기적'이 일어났다고 할 정도다. 그 배경엔 시간제 노동으로 상징되

네덜란드병
천연자원 수출에 의존해 고성장을 이룬 국가가 이후 물가와 환율 상승으로 자국 내 제조업 경쟁력을 잃고 경제 침체에 빠지는 현상을 가리킨다. 1960년 대 네덜란드가 천연가스 수출로 호황을 누리다 임금·물가·환율이 크게 오르고 다른 제조업 분야 기반이 무너지면서 경제위기를 겪은 데서 유래했다.

는 노동유연성과 사회복지로 상징되는 생활안정성이 동시에 추구된, 유연안정성 모델이 있었다. 경제협력기구 통계연보(2009)에 따르면 네덜란드의 시간제 노동비율은 미국의 12.6%나 일본의 18.9%보다 월등히 높은 36%를 기록했다. 그러나 네덜란드의 시간제 근로는 한국과 같은 일회용 일자리 양산을 위한 것이 아니며 '일자리 나누기'를 위해서 도입된 것이다. 시간제 노동은 1979년 16.6%였지만 이런 전략의 결과 1996년에 36.5%로 증가했다. 동시에 1996년부터 시행된 '근로시간에 따른 차별 금지법'이 중요한 역할을 했다. 비록 시간제 근로를 하더라도 계약의 연장이나 해지 때 차별을 금지하며, 임금·보너스·휴가·훈련 등의 차별도 금지한 것이다. 일반 정규직과 시간의 차이만 있을 뿐 다른 차이는 존재하지 않는 것이다. 2000년의 근로시간 조정법, 2001년의 일과 가정 양립법 등도 유연안정성을 높이는 데 큰 힘이 되었다. 바로 이런 시스템에다 기업들의 준법정신이나 사회적 책임 의식이 같이 작용한 결과 오늘날의 네덜란드식 고용 기적이 가능했던 것이다. 1982년 이뤄진 '바세나르 협약Wassenaars Accord'이 상징하는 것처럼, 노·사·정 사이에 일종의 사회적 신뢰가 탄탄하게 형성된 것이 일종의 주춧돌 역할을 했다. 사법 기관이 '불법 도급'이라고 판정내린 사내하청에 대해 사과는커녕 시정도 거부하는 한국의 기업 풍토와는 전혀 다른 사회 분위기, 바로 이것이 오늘의 네덜란드를 만드는 데 일조한 것이다.

바세나르 협약
'임금억제와 일자리 나누기를 통한 고용창출'을 골자로 한 네덜란드의 노사정 대타협 모델. 두 차례 석유파동과 지속된 경기 침체를 겪던 네덜란드 경제는 1980년대 들어 마이너스 성장과 대량실업사태에 빠졌다. 이에 노동조합과 회사와 정부 대표는 바세나르에서 만나 노조가 임금인상 억제를 수용하는 대신 사측은 노동시간을 5% 줄여 고용을 늘리는 데 합의했다. 이 협정에 힘입어 네덜란드 경제는 매년 EU 평균을 상회하는 성장을 거뒀고 실업률은 20년 만에 12%에서 2% 수준으로 떨어졌다.

〈한국과 네덜란드에서 해고되었을때〉

덴마크 모델도 사실은 네덜란드와 크게 다르진 않다. 그런데 덴마크는 네덜란드만큼 정규직의 고용보호 수준이 높지 않을 뿐 아니라 비정규직 보호도 네덜란드만큼 철저하지는 않다. 기업이 노동자를 채용하거나 해고하는 데 비교적 자유롭다는 것이다. 이런 면에서 노동유연성이 상대적으로 높다고 할 수 있는데, 이러한 노동유연성의 보완책으로 생활안정성을 보장하기 위해 수준 높은 실업보험을 두면서 적극적 노동시장 정책을 실시하고 있다. 덴마크에서는 실업이 발생하면 최대 4년 동안 실업하기 전 소득의 최대 90%까지 실업급여를 지급한다. 실업급여 지급 기간 역시도 프랑스의 30개월보다 긴 최대 4년간 지급한다. 다른 유럽 나라들이 대개 1년 정도 지급하는 것에 비해서도 길며, 정리해고는 곧 죽음이라는 한국의 상황과는 천지차이이다. 그러나 실업급여의 혜택만 받으려고 하는 이른바 '복지병[●]'을 예방하기 위해 적극적 노동시장 정책으로 실업자의 숙련이나 능력을 향상시켜 재취업 가능성을 높인다. 노동을 권장하기 위한 약간의 강제성도 가미되는 셈이다. 바로 이러한 세 가지 요소, 즉 유연한 노동시장, 관대한 실업보험, 그리고 적극적 노동시장 정책의 결합으로 상징되는 덴마크 모델을 '황금삼각형golden triangle 모델'이라고도 한다.

덴마크 모델이 가능하게 된 역사적 배경으로는 이미 약 100여 년 전인 1899년에 노사가 맺은 '9월 합의September Compromise'를 들 수 있다. 덴마크에서는 그때 벌써 노동조합의 단결권과 단

복지병
과도한 복지에 따른 생산성 저하를 일컫는 말. 영국병이라고도 한다. 1970년대 영국 경제가 높은 복지비와 고임금에도 불구하고 낮은 생산성에 시달리며 IMF 구제금융을 받을 처지에 놓인 것을 두고 독일 언론이 영국병 British disease이라 표현한 데서 유래했다.

체교섭권을 인정하는 대신 고용주의 채용과 해고의 자유를 인정하는 사회적 합의가 이뤄졌다. 그렇다고 미국처럼 기업가가 임의로 해고를 할 수 있다는 뜻은 아니다. 유럽 수준에서 볼 때 상대적으로 자유롭다는 의미다. 특히 유럽연합의 여러 규정들과 입법에 의한 규제, 단체협약에 따른 규제들이 이중 삼중으로 고용 보호를 의무화하고 있다.

이러한 덴마크의 황금삼각형 모형에 비추어볼 때 한국의 노동유연성은 강한 편이나 생활안정성이나 적극적 노동시장 정책은 낮은 편이다. 그린 뜻에서 네덜란드나 덴마크가 유연안정성 모델이라면 한국의 경우는 '유연불안정성flexinsecurity' 모델이라 하겠다. 이러한 상황을 바꾸기 위해서는 현재의 노동상황이나 생활상황을 구체적으로 실태조사하면서 그 바탕이 된 위에서 노사간 민주적인 소통과 합의가 이뤄져야 한다. 물론 그러기 위해서라도 노사간 교섭력이 대등하게 보장되어야 할 것이다.

 4장 마음대로 해고할 자유
VS 마음 편히 일할 자유

노동을
보는 눈
5

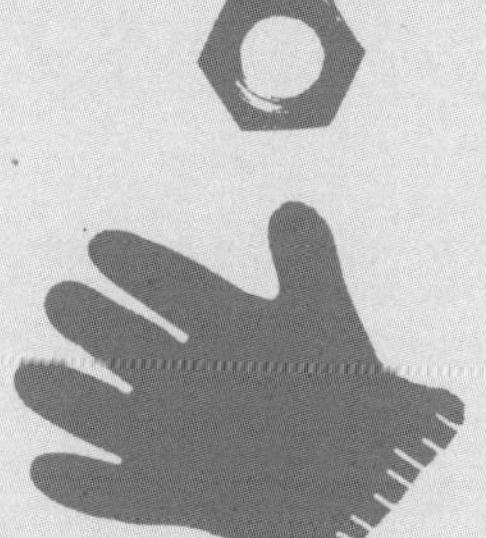

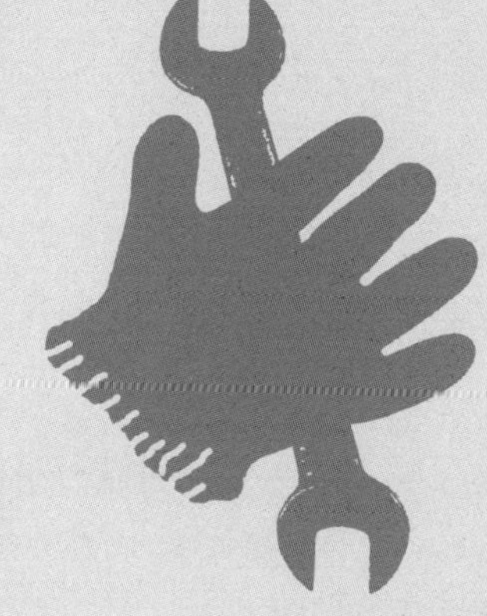

직장에서의
당근과 채찍

—

노동통제의
종류와 방식

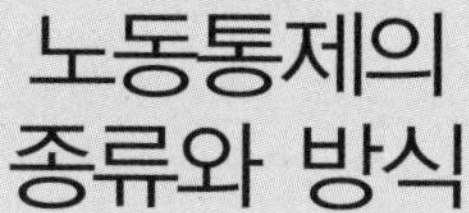
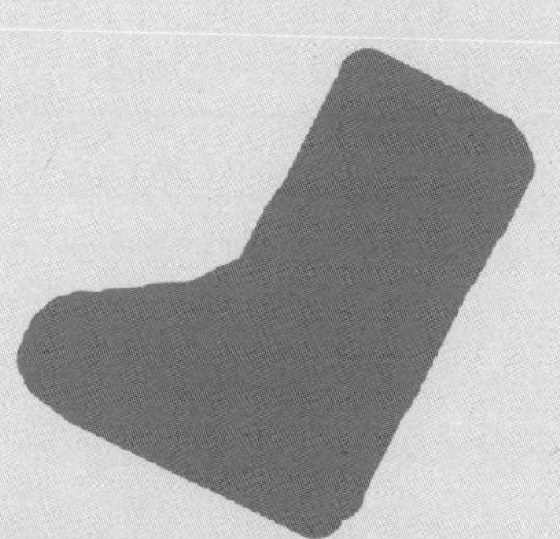
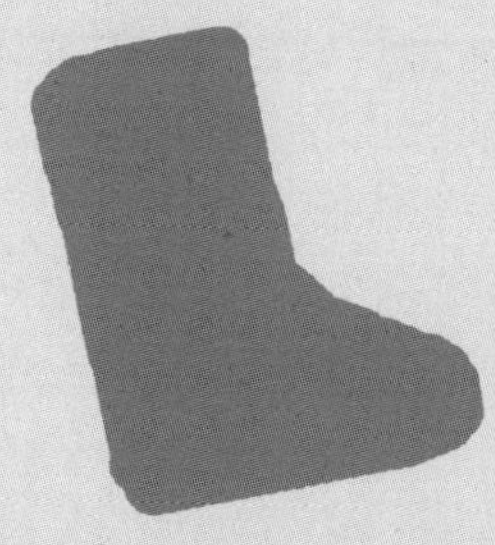

취업한 사람은 어떻게 일할까?

취업에 성공한 사람들은 대개 기대에 부풀게 된다. 생계도 해결하고 자아실현도 할 것같이 느껴지기 때문이다. 특히 열심히 일해 상사나 회사에 인정받으면 승진의 기회도 있고 자기계발의 기회도 생길 것 같다. 실제로 일부 '잘나가는' 사람들은 그런 기회를 듬뿍 누린다. 그렇게 일부 구성원들이 능력이나 성과를 인정받아 더 나은 대접을 받고 더 많은 기회를 즐기는 것을 보는 대부분의 사람들은 부러움을 느낀다. "나도 저렇게 되어봤으면" 하는 것이 솔직한 심정이다. 그래서 너도나도 그런 '모범' 직원을 따라하기 시작한다. 보다 더 부지런히, 보다 더 충성스럽게 일을 함으로써 인정을 받고자 하는 것이다.

그런데 과연 얼마나 많은 사람들이 그 '모범' 직원처럼 될 수 있을까? 아니, 평범한 노동자들은 과연 어떻게 일을 하고 있을까? 특히 요즘처럼 언제 잘릴지 몰라 불안한 시대에 과연 사람들은 직장 생활을 통해 생계를 해결하는 것은 물론 자아실현을 하고 있을까?

그 대답은 역시 '아니올시다'이다. 기업이나 경제가 큰 위기에 빠졌을 때나 경험했던 '구조조정'이 이제는 잘나갈 때조차 수시로 행해진다. 기업 입장에서는 인건비 등 온갖 비용을 줄이고 생산량이나 매출액을 꾸준히 늘려야 경쟁력이 생기기 때문이다. 그러니 평소에 성과나 업적, 근무 태도 같은 것을 철저히 기록하고 관리하여 점수가 낮은 사람들은 언제든지 '탈락'시킬 수 있는 근거를 만들어간다. 노동조합과 같은 노동자의 대표 조직이 경영진과 대등한 입장에서 사전에 협의하고 의견이 다른 경우 가장 합당한 지점을 찾아 서로 협상하고 합의에 이를 수 있다면 좋겠지만, 그렇지 않은 경우 조직적으로 대응하는 것은 불가능하다. 남은 것은 개인의 역량뿐이다. 이제 남은 질문은 '환경에 적응하느냐, 아니면 탈락이냐?'이다. 각 개인의 마음 속에는 '탈락의 두려움'이 자라난다. 탈락하게 되면 나와 내 가족의 생계가 어려워지는 것은 물론, 자아실현은 더욱 멀어진다. 그러니 주어진 환경을 바꾸기보다는 그에 잘 적응하는 것이 지상 과업이 된다. 한편으로 성과나 업적을 내기 위해 신경을 곤두세우며 발버둥 쳐야 하고, 다른 편으로는 근무 태도가 좋다는 것을 보여주기 위해 상사의 명령에 복종하여 잔업이나 특근도 마다하지 않는다. 이제 혹시 노동조합이 "장시간 노동을 거부합시다"라고 외치고 다녀도 갈수록 많은 사람들은 별 관심도 갖지 않고 오히려 속으로, '흥, 그래 갖고 어떻게 살아남아?'라는 식으로 반응하기도 한다.

물론, 일부의 사람들은 이렇게 변하는 상황을 도무지 견디기 어려워 약간의 장기적인 계획을 세운다. 일단 몇 년 동안은 참고 견디며 일하다가 일정한 시점이 되면 더 나은 곳으로 떠난다는 계획이다. 집단적인 대응보다는 개별적인 선택에 의존하는 셈이다. 실제로 이렇게 참다가 좋은 데로 옮기는 경우도 자주 있긴 하지만, 그런 선택을 할 수 있는 사람은 나름의 특정한 능력이 있거나 더 나은 기회를 쉽게 발견할 수 있는 사람들이다. 이러지도 저러지도 못하는 사람들은 모든 걸 꾹 참고 그냥 막연하게 '성실히 하다 보면 좋은 날도 오겠지' 하는 심정으로 현실에 적응하며 살아간다. 내심 '탈락의 두려움'을 꾹 누르면서 말이다. 그러니 회사에 가거나 가정에 돌아가더라도 그렇게 신바람 나는 일이 없다. 그저 하루하루 생계를 이어나가기에 바쁠 뿐이다. 그러면서도 이들은 대부분 자식들에게 희망을 건다. "내가 이렇게 힘겹게 살아도, 너희들만큼은 공부를 잘 해서 우리보다 좀 더 높은 지위를 누리며 더 잘 살기를 바란다"는 심정이다.

그렇게 해서 부모가 직장에서 겪는 고통은 자녀의 미래를 위해 '참는' 형태로 억압된다. 고통이 있다면 그 고통을 표현하고 도움을 호소하며 마땅한 해결책을 찾는 것이 순리인데, 대부분의 사람들은 그 고통이 자녀의 더 나은 미래로 이어질 것이라는 희망을 품으며 그냥 수용하고 자기 내면으로 억압·은폐하고 만다. 그러나 그 억압된 고통과 은폐된 스트레스는 어른들 자신도 모르는 사이에 자녀들에게 "더 좋은 성적"을 받아오라는 은근한 압력을 주는 것으로 나타난다. 자녀들은 부모가 자기들 때문에 고생하는 줄도 알고 부모의 기대가 무엇인지도 다 안다. 학교는 노골적으로 점수 경쟁을 시킨다. 그러니 어른들이 직장에서 받는 압력이나 탈락의 두려움을 자녀들도 학교에서 고스란히 대물림 받는다. 바로 이것이 우리가 가정이나 학교, 직장 등에서 늘 행복한 모습으로 살아가기 어려운 배경이다.

어떻게 노동자가 말을 잘 듣게 할까?

그러면 이제 경영관리자 입장에서 볼 때 인간 노동력을 어떻게 관리해야 할까? 경영관리자는 당연히도 노동의 입장이 아니라 자본의 입장을 대변한다. 자본의 입장에서 노동력을 돈 주고 구입할 때는 일정한 사용가치, 즉 쓸모가 있어야 한다. 자본의 관점에서 노동력의 쓸모란 크게 두 가지다. 하나는 노동능력이고 다른 하나는 노동자세다. 노동능력은 일을 잘할 수 있는 역량이고 노동자세란 말을 잘 듣는 태도이다.

 5장 직장에서의
당근과 채찍

사람들은 대체로 학교 교육과정을 거치면서 이 두 가지를 습득하고 나온다. 그러나 그 두 가지 측면이 특정한 기업의 요구에 부응하지 않을 수 있기 때문에 기업은 나름대로 두 가지 역량을 다듬어야 한다. 그래서 노동능력을 어느 정도 기르기 위해서 교육훈련 또는 자질향상qualification 과정을 거친다. 물론 사람들은 일을 하면서 저절로 능력 향상이 이뤄지는 면이 있다. 그러나 처음으로 어떤 기업에 들어가 주어진 과업을 잘 수행하려면 일정한 기간 동안 교육훈련을 받아야 한다. 그 다음에는 직무내 훈련 또는 직무외 훈련 같은 것도 주기적으로 받는다. 급변하는 환경에서 새로운 역량을 익혀야 하기 때문이다. 때로는 직무교대를 통해 조직 안에서 다양한 역량을 습득하기도 한다. 보다 장기적으로는 경력개발career development 제도를 통해 한 직원이 체계적으로 잠재력을 계발하여 자아 발전은 물론 회사 성과에도 기여하도록 만든다. 이렇게 다양한 방식을 통해 기업은 그 조직 구성원들의 노동능력을 증진시킨다.

한편, 그렇게 증진된 노동능력이 기업의 수익성 향상을 위해 순조롭게 발휘되려면 그 내면의 잠재력이 밖으로 잘 드러나도록 하는 여건을 조성해야 한다. 이렇게 사람들이 가진 내부 역량이 밖으로 드러나도록 여건을 조성하고 의욕을 촉진하는 것, 일할 맛이 나도록 계기를 만드는 것을 동기부여motivation라 한다. 이 동기부여에는 외재적 동기부여와 내재적 동기부여가 있다. 외재적 동기부여란 돈이나 포상, 승진 기회 등 외부의 자극을 통해 사람을 움직이는 것이다. 반면에 내재적 동기부여란 일 자체의 흥미나 도전감, 일 자체의 의미나 사명감 같은 것으로 사람을 움직이는 것이다. 쉬운 예로, 어떤 사람이 좋은 성적을 거두어 칭찬을 받기 위해 공부하거나 일하는 것은 외재적으로 동기부여된 경우이고, 그게 아니라 공부 자체가 재미있거나 의미를 느끼기 때문에 열심히 하는 것은 내재적으로 동기부여된 경우다.

그런데 우리는 어릴 적부터 대부분 외재적 동기부여를 많이 경험해온 터라, 내재적 동기부여엔 그리 익숙하지 않은 편이다. 그러다 보니, 어느 누가 돈이나 상품 같은 보상을 해주지 않으면 잘 움직이려 하지 않는 경향이 있다. 반면에 기업에서 보너스나 성과급을 준다고 하면 대부분 더욱 열심히 움직여 남보다 더 많은 보상을 받으려 하는 경향이 있다. 일부 학자들은 우리가 이런 식으로 외재적 동기부여에 익숙해지다 보면 자기도 모르는 사이에 내재적 동기를 잃어버리기 쉽다고 말하기도 한다.

예를 들면, 이런 에피소드가 있다. 아이들이 어느 어른이 사는 집 앞마당에 놀려고 몰려들었다. 책을 읽는 어른에게는 좀 시끄럽게 되었다. 어른이 꾀를 냈다. 놀러온 아이들에게 "얘들아 너희들이 놀러 왔으니 모두들 동전 한 닢씩 주마" 하고 돈을 주었다. 아이들은 노는데 돈까지 주니 정말 좋았다. 그렇게 한참 지났는데, 어느 날 어른이 이렇게 말했다. "얘들아, 이제 내가 돈이 다 떨어졌구나, 그래서 이제부터는 돈을 못 주겠다." 이 말을 듣고 아이들이 알았다며 다시 놀기 시작했는데, 갑자기 아이들은

 5장 직장에서의
당근과 채찍

이제 놀 맛이 없어졌음을 알게 되었다. 그 어른 집 앞마당에서 노는 것이 이제 별로 재미가 없는 것이다. 원래는 놀이 자체가 재미있어 간 것인데, 자기도 모르는 사이에 어른이 주는 돈맛에 길들여지다 보니 더 이상 놀이 자체에는 재미를 느끼지 못하게 된 것이다.

한편, 이런 경우도 있다. 실제로는 자신에게 별 의미가 없는 일인데도, 생존을 위해 순응해서 하다 보니 자신의 삶을 동일시하거나, 자신이 하는 일과 자아를 동일시하여 시스템의 논리를 내면화함으로써 외재적 동기조차 내재적 동기인 것처럼 변화하는 경우다. 이렇게 되면 마치 임금 인상이나 승진과 같은 외적인 보상이 마치 자아실현인 것처럼 여겨지게 되고 직장에서 하는 일이 곧 자아인 것처럼 여겨지게 된다. 그래서 여가 시간에 아무 일도 하지 않거나 부단히 타인으로부터 칭찬을 받지 않으면 불안해지고 심지어 우울해지는 증상까지 나타날 수 있다. 그 사이에 자신의 필요에 맞게 자율적으로 시간계획을 짜고 필요한 활동을 체계적으로 해나가는 역량은 본인도 모르게 줄어들고 만다. 반면에 기업이 내려주는 여러 가지 과업들에 대해서는 오히려 적극적이고 능동적으로 움직여 마치 자신의 일인 것처럼 집중해 좋은 성과를 낸다. 타율성이 변해서 자율성처럼 보이는 셈이다. 본인은 그것이 자율성이라 믿는다. 그런데 바로 이런 상황, 즉 자율화한 타율성 또는 내면화한 타율성(쉽게 말해, '알아서 기는 것')이야말로 경영관리자 입장에서는 가장 효율적으로 노동력을 관리할 수 있는 상황이다.

노동자 길들이기의 방법

일하는 사람이 자신의 노동능력을 사용하여 직접 생산하는 과정을 노동과정이라 하는데, 여기엔 작업속도·작업량·작업방식·분업이나 협업 등의 내용이 포함돼 있다. 이러한 노동과정의 흐름이나 내용을 스스로 결정하고 소설하던 농민의 노동이나 수공업자의 노동과는 달리, 본격적인 자본주의 사회에서 공장 노동은 갈수록 관리자나 감독자의 명령이나 지시에 지배를 받게 되었다. 이와 같이 노동자가 노동과정을 스스로 결정하거나 조절하는 것이 아니라 관리자나 감독자가 노동과정 전반을 지휘하고 규제하는 것을 노동통제labor control라 한다.

노동통제의 형태들은 역사적으로 다양하게 발달해왔다. 이들은 반드시 순차적으로 등장한 것은 아니고 경우에 따라 여러 형태가 동시에 나타나기도 한다. 최초의 모습은 당연하게도 관리자나 감독자가 직접 말이나 행동으로 통제하던 '권위적 노동통제'였다. 심하면 채찍질을 가하기도 하고 화를 내거나 욕설을 하기도 했다. 그 과정에서 인격적 모욕감을 느끼는 노동자도 생기고 노동 인권이 사회적인 이슈가 되기도 했다. 통제를 하는 사람과 받는 사람 사이에 격렬한 싸움이 일어나기도 하고 이를

〈노동자 관리유형〉

닥치고 내가 시키는 대로만 해!
권위적 노동통제

기계에 맞춰 일하기만 하세요.
기계적 노동통제

이거 좀 드시고 하세요.
인간적 노동통제

목표는 정했으니 나머지는 알아서 하세요.
자율적 노동통제

지켜본 노동자들이 분노하여 급작스런 파업에 돌입하기도 했다. 경영학에서는 이런 노동통제 방식을 '주먹구구식' 관리 방식이라 한다.

다음으로는 '기계적 노동통제' 시대가 등장했다. 사실, 기계란 노동능률을 높이거나 경쟁력을 높이기 위한 측면만 있는 게 아니라 노동자 저항을 효과적으로 분쇄하기 위한 측면도 있다. 즉, 관리자나 감독자들이 노동자들의 노동과정을 일일이 간섭하고 규제하다 보면 우발적 저항 같은 부작용도 따르기 마련이었다. 그런데 작업흐름, 특히 작업속노나 삭업방식을 표준화하고 기계화하면 굳이 사람이 사람을 직접 통제하지 않아도 된다. 저절로 규칙적인 기계의 작동에 맞춰서 일을 하게 될 것이기 때문이다. 불필요한 마찰을 줄일 뿐 아니라 노동과정상의 빈틈을 효과적으로 제거할 수 있어 효율성도 높아진다. 바로 이런 아이디어를 체계적으로 제시한 것이 F. W. 테일러의 '과학적 관리'이다. 그는 노동과정을 철저히 분할하여 숙련도가 필요 없게 만들고 '시간-동작 연구'를 통해 가장 효율적인 작업방식을 찾아냈다. 또, 표준 과업량을 정하고 그 기준보다 나은 성과를 내는 작업자에게 인센티브를 주는 '차별 성과급' 제도를 제안했다. 이것이 미국 경영학의 원조로 통한다. 한편, 테일러보다 훨씬 이전에 독일의 막스 베버는 '관료제' 이론을 통해 감정과 변덕에 많이 좌우되는 기존의 경영 방식은 조직 규모의 거대화와 더불어 엄격한 절차와 규정으로 관리되는 관료제적 경영 방식으로 변한다고 말했다. 그러나 관료제적 경영과 과학적 관리가 결합되면서 오늘날 '대기업병'이라 불리는 여러 병리적인 증상들, 특히 노동소외가 일종의 고질병으로 나타나기도 한다.

그 뒤 '인간적 노동통제'도 발달한다. 이 방식은 1920~1930년대 하버드대학교의 산업심리학 연구팀 중심으로 호손 계전기 공장에서 실시한 인간관계 실험이 계기가 되었다. 처음 실험은 조명의 밝기가 노동능률 사이에 어떤 관계가 있는 보는 실험으로, 실험진은 조명이 밝을수록 생산성이 높아질 것이라고 생각했다. 그런데 조명을 밝게 한 실험 집단뿐 아니라 그대로 둔 실험 집단도 생산량이 늘어났다. 더 놀라운 것은 조명을 어둡게 했을 때도 능률은 떨어지지 않았다는 점이다. 그 후 휴식시간을 증가시키고 간식을 제공하는 등 작업환경을 여러 가지로 변화시키는 실험을 실시했는데 환경을 어떻게 바꾸든 생산량과 직접적인 연결은 없다는 결과가 나왔다. 실험에 참가한 노동자들은 자신들이 중요한 실험에 참가해 있고 많은 관심을 받고 있다는 것에 더 고무돼서 열심히 일한 것이다. 작업환경이 노동능률을 올리는 데는 작업장의 물리적 환경 개선보다 인간적 관심 증대가 더 중요하다는 결론이었다. 그리하여 비공식 조직을 활성화하여 작업자들 사이에 또는 작업자와 관리자 사이에 인간적 친밀함을 높이고, 작업자 개개인에게 인간적 관심을 가진다면 결과적으로 노동능률이 상당히 높아진다는 것이다. 한편, 1950년대 이후 발달한 수많은 행동과학적 연구들도 이러한 인간적 노동통제와 과학적 관리 방식을 결합하는 데 기여한다. 그럼에도 불구하고 이것은 여전히 기계적 노동통제나 효율성의 명령으로 지배하는 것이었기 때문에 노동자들이 개인적으로나 집단적으로 느끼는 불만족이 쉽게 사라지지는 않았다.

이런 문제로 등장하게 된 것이 1970년대 이후 등장한 '자율적 노동통제' 방식이다. 이것은 노동자들이 반자율적 작업팀이나 소집단에서 노동과정을 상당 정도 스스로 관리하게 하는 것이다. 처음에는 스웨덴의 볼보 자동차 공장에서 실험적으로 시도 되었고 점차 독일의 폭스바겐 자동차 공장 등으로 퍼져나갔다. 일본의 도요타 공장이나 미국의 지엠 공장에서도 비슷한 실험 들이 이뤄졌다. 물론 사례마다 편차는 있지만, 대체로 노동과정 에서 느끼는 노동자들의 불만족이나 소외감을 최소화함은 물 론 작업의 즐거움이나 자기 능력의 계발을 통한 만족감의 증대 를 꾀하려는 시도였다. 그렇게 되면 노동생산성은 올라가고 노 동 저항은 줄어들어 기업의 경쟁력이 높아질 것으로 기대했다. 그러나 자율적 노동통제는 그 이름과는 달리 노동자의 자율성 이 완전 보장되기보다는 노동과정의 목표나 방향은 위로부터 주어진 채 그 기능적 실행만 아래에서 자율적으로 해보라는 것 이었다. 앞서 말한 노동의 관계적 측면은 그대로인 채 노동의 소재적 측면만 일부 바꾼 것이었기에, 노동 소외 문제는 여전히 미해결 과제로 남은 셈이다.

노동의 인간화

앞서도 간략히 언급했지만 노동의 인간화는 주로 1970년대 초에 유럽에서 나온 발상으로, 인간성을 상실한 자본주의 노동과정의 노동자들이 느끼는 소외감·상실감·무력감·좌절감 같은 상처를 치유함으로써 노동만족 및 노동효율을 동시에 달성하려는 시도이다. 특히 노동과정의 기계화·전문화·단순화·표준화·파편화·분업화·거대화·관료화·자동화·연속화·감시화 등은 마치 영화 〈모던 타임즈〉에서 컨베이어 라인에 맞춰 강박적으로 일하는 주인공 채플린처럼 노동중독 및 정신분열로까지 이어진다. 이제 노동자는 노동의 주체가 아니라 객체가 된다. 사람이 일을 하는 게 아니라 일이 사람을 끌고 다닌다.

원래 소외alienation, Entfremdung란 사람이 만든 창조물이 점점 멀어져서 마침내 매우 낯선 형태로 다시금 다가오는 것, 심지어 처음에 만든 사람이 오히려 그 창조물에게 억압을 당하는 것을 말한다. 가장 대표적인 경우를 1818년에 나온 M. W. 셸리의 소설 『프랑켄슈타인』에서 찾아볼 수 있다. 소설에서 과학자 프랑켄슈타인 박사는 시체의 뼈를 이용하여 커다란 괴물 생명체를 만들었으나 나중엔 이 생명체가 오히려 프랑켄슈타인의 동생을 죽이는 등 해악을 끼치게 된다. 인간이 만든 기계 역시 오히려 인간을 기계의 부속품으로 만들 수 있는데, 〈모던 타임즈〉에서 나사 조립을 하던 채플린이 기계 속도를 따라잡지 못하는 바람

에 거대한 톱니바퀴 속으로 빨려 들어가는 장면이 이를 상징적으로 보여준다. 공장 안의 생산기계만이 아니라 자동차나 휴대폰과 같은 소비기계 역시 인간성을 소외시킬 수 있는데, 일례로 착한 사람도 자동차를 타는 순간 공격적인 운전자로 변한다든지, 인간 간의 원활한 소통을 위한 휴대폰이 오히려 사람 사이의 친밀하고 깊이 있는 대화를 가로막는 경우가 대표적이다. 이런 식으로 우리는 생산과 소비의 전 과정에서 소외를 경험하는데, 노동의 인간화란 노동과정에서 노동자들이 집합적으로 느끼는 소외감이 불만과 저항으로 이어지지 않도록 개선을 해보려는 시도에서 나온 것이다. 앞서 봤듯이 스웨덴의 볼보 공장이나 독일의 폭스바겐 공장에서의 반자율적 작업팀 조직, 노동자

의 경영참가 제도, 영국 타비스톡 연구소의 직무재설계 등이 그
대표적인 예이다.

　그러나 더 근원적으로는 노동과정이나 조직관리 같은 직접적
생산과정 영역을 넘어, 생산수단과 노동력의 분리 그리고 노동
력의 상품화가 이 노동소외의 심층적 뿌리라 할 수 있다. 엔클
로저 운동에서 농민과 땅이 분리된 사례에서 볼 수 있듯이 말이
다. 따라서 참된 노동의 인간화를 이루려면 단순히 작업과정이
나 작업조직을 좀 더 매력적으로 만드는 것에 그치는 것이 아니
라 생산수단과 노동력의 재결합, 그리고 노동력의 탈상품화를
통한 인간성의 실현이 필요하다.

　이러한 과제는 실현하기가 쉽지 않다. 그러나 이미 몬드라곤
협동조합 사례나 다양한 노동자 자주관리 기업 사례 따위에서
볼 수 있는 것처럼 국내외에 새로운 혁신들이 많이 나타나고 있
다. 최근에는 방글라데시 출신의 노벨평화상 수상자 무하마드
유누스의 그라민 은행으로 상징되는 '사회적 기업' 운동이 빈곤
극복 차원을 넘어 노동의 인간화까지 실현하는 방법으로 많은
영감을 준다.

　이러한 혁신적 사례 역시 생산수단과 노동력의 분리나 노동
력의 상품화를 완전히 극복했다고 보기는 어렵다. 하지만 인간
성 소외의 방향이 아니라 인간성 회복의 방향으로 가고자 노력
하고 있는 것이기 때문에 (섣부른 낙관도 금물이지만) 성급한 비
판도 금물이다. 전국 곳곳에서 그리고 '나부터' 참여하여 그러

한 실천을 해나가는 가운데 소통과 연대, 토론과 학습을 통해 그런 시도들이 한 단계 더 높은 수준으로 발전하도록 하는 것이 바람직한 자세일 것이다.

일하다 죽어도 좋아?

—

과로, 일중독, 일터에서의 죽음

일하다 죽는 사람 1년에 2000명

한국은 대학진학률도 세계 1위이지만 산업재해율도 세계 1위이다.* 산재 사망자의 경우, 해마다 차이는 약간씩 있고 2004년 이후 갈수록 줄어드는 경향은 있지만, 최근엔 대체로 일하는 날 기준으로 하루에 10명 정도라고 보면 된다. 2003년엔 하루 15명 정도까지 올라가지도 했다. 2010년에는 산재 사망자가 2000명을 넘었다. 부상자까지 포함하면 9만 명이 넘는다. 그러나 이것도 많이 발전한 것이다. 약 30년 전인 1982년엔 산업재해자 수가 13만7000명이나 되던 때도 있었다.(『매일경제』, 1983. 8. 2) 그것도 산재보험 가입자 340만 명만을 대상으로 조사한 결과에서 그런 것이니 실제로는 3~4배나 더 많을 것으로 추정될 정도였다. 오늘날은 사망자를 포함한 전체 산업재해자 수가 공식

적으로는 9만8000명 정도라, 예전에 비해서는 줄었지만 경제력
세계 10위권을 다투는 나라로서는 부끄러운 수치가 아닐 수 없
다. 그러다 보니 노동부나 근로복지공단 등 관할 당국 입장에
서는 그 수치를 줄이기 위해 산업안전 예방에도 신경을 곤두세
우지만 통계 수치를 관리하는 데도 신경을 많이 쓴다. 그리하여
안전사고나 직업병 등 업무상 사고가 나더라도 산재 인정을 받
기가 매우 힘든 경향이 있다.

　만 15세의 창창한 나이에 수은중독으로 생명을 잃은 문송면
군이 있다. 1988년 7월이었다. 문송면 군은 1972년 충남 서산에
서 태어나 가난하게 살았는데 야간 공고라도 나오겠다는 결심
으로 1987년 12월 서울 영등포의 한 공장에 취업했다. 압력계
나 온도계 같은 것을 만드는 공장이었는데 하루 11시간씩 일을
했다. 현장에서는 휘발성이 강한 독성 물질인 신나, 페인트, 수
은 등을 많이 다루었다. 노동과정에서 수은이나 유기용제 등이
공중에 방출되어 작업장 안은 늘 수은 증기로 뿌옇게 되고 냄
새가 고약했다. 바닥에 액체가 된 수은이 널려 있기도 했다. 그
런 작업 환경에서 일한 지 불과 두 달 만에 문군에게서 수은중
독 증상이 나타났다. 불면증이나 두통으로 정상적인 생활이 불
가능했고 허리나 다리에도 통증이 극심했다. 수은이 생명을 급
속도로 갉아먹고 있었던 것이다. 나중엔 전신 발작도 나타났다.
그럼에도 노동부는 실상을 헤아려 적절한 조치를 취하기는커녕
회사의 뜻에 따라 산재요양 신청조차 반려했다. 그렇게 문군은

6개월 동안 병마는 물론 잘못된 사회에 고통당하다가 결국 생명을 잃고 말았다.

비슷한 시기에 인조 비단을 제조하던 원진레이온 공장(경기도 구리시)에서도 산업재해 문제가 드러나기 시작했다. 1960년대 초반에 세워진 이 공장에서는 그간 수십 년 동안 수많은 직업병 환자들이 나왔지만 모두 개인적 문제로 치부되고 말았다. 그러나 하루 8시간 정규 근무에다 4시간씩 잔업이 더해져 모두 12시간씩 장시간 노동을 하는 데다, 그 노동과정에서 쓰이던 이황화탄소라는 화공약품으로 말미암아 작업자의 기억력이 감퇴하고 정신이상이 오거나 사지마비와 콩팥 손상이 발생했다. 모두 치명적인 생산과정이 야기한 문제였다. 특히 이황화탄소는 독일의 나치가 사람을 죽일 때 사용했던 독가스의 일종이다. 결국 이곳에서도 사망자가 발생했다. 당시 앞서 본 문송면 군의 죽음을 계기로 대책위원회가 꾸려져 공개적인 활동을 하고 있었는데, 그것이 다시 구로노동상담소의 제안으로 원진레이온 대책위원회로 이어졌다. 원진레이온은 1993년에 폐업했고 1997년엔 원진직업병 환자를 위한 원진의원, 오늘날 원진녹색병원이 설립되었다. 원진레이온 공장 자리는 오늘날 아파트 단지가 들어서 있어 직업병이나 산업재해의 흔적은 찾아보기 어렵게 되었다.

그런데 이런 문제는 결코 사라진 것이 아니다. 체계적으로 은폐되거나 강제된 침묵으로 드러나지 않을 뿐이다. 오늘날 삼성전자나 LG전자와 같은 '초일류기업'임을 자랑하는 독점 대기

목숨까지 뺏는 직업병…'모두의 책임'

'노동과 건강 연구회'서 밝힌 실태와 대책

15세 문송면 소년의 수은중독 사망 등을 계기로 직업병이 심각한 사회문제로 떠오르고 있다. 직업병의 발생은 어제 오늘의 일이 아니지만 그동안 무관심의 그늘에 가려 있던 것이 최근 사회 의식의 확대와 더불어 그 피해의 심각성과 해결의 시급함에 뒤늦은 관심이 모아지고 있는 것이다. 직업병의 실태와 문제점, 해결의 방향을 찾아본다.

'노동과 건강 연구회'(공동대표 양길승·박남수)는 최근에 펴낸 〈최근 보고되고 있는 직업병의 실태와 그 대책〉이란 실태보고서에서 요즘 자주 발견되고 있는 수은·납·몰루엔 중독과 같은 직업병은 작업환경 개선을 게을리한 기업주는 물론 감독을 제대로 하지 않은 정부, 무관심한 의료인과 노동자 모두의 책임이라고 지적했다.

지난 2일 수은 중독으로 숨진 문송면군이 다니던 온도계 제조업체 협성계공(서울 영등포구 양평동)은 근로기준법에 규정된 연업장의 작업환경 측정과 특수 건강진단을 맡고 있으나 산업보건협회가 지정한 전국 34개 특수 건강검진 기관의 대부분이 직업병을 찾아낼 만한 시설이나 인력을 갖추지 못하고 있다.

또 이들 검진기관은 민간 의료기관이기 때문에 회사 쪽과 불편한 관계를 만들지 않으려고 엄격하고 공정한 검진보다는 형식적인 건강진단에 그치고 있는 실정이다.

산업보건협회 85년도 자료에는 수은과 납 등 중금속에 노출된 1만5백67명의 노동자 중 17명의

서울 영등포의 어느 주물공장. 대부분의 노동자들이 형편없는 작업조건에서 건강을 해치며 일하고 있다. 〈김연수 기자〉

기업 **환경 개선 소홀…안전교육도 무관심**
정부 **감독 태만하고 직업병 판정 소극적**
업주 눈치 보며 건강신단 겉치레로 의료인
적극 관심 가지고 노조단위 대처를 노동자

'암 발병' 삼성 반도체노동자 첫 산재 인정

**조립공정서 5년 5개월 근무
복지공단 "인과관계 있다"**

삼성전자 반도체 공장에서 일하다 암에 걸린 노동자가 처음으로 산업재해라는 판정을 받았다.

근로복지공단은 10일 "삼성전자 반도체 조립공정에서 5년5개월 동안 일한 37살 김아무개씨의 '재생불량성 빈혈'을 산업재해로 승인했다"고 밝혔다.

재생불량성 빈혈은 혈액암의 일종으로, 골수 손상으로 인해 조혈기능에 장애가 생겨 백혈구와 혈소판 등이 감소하는 질병이다. 선천적인 경우도 있지만 80% 정도는 후천성인 것으로 알려졌으며, 방사선 노출, 화학물질(벤젠 등), 약물 감염, 면역질환 등이 원인인 경우가 많다. 김씨는 1993년 12월부터 1년 동안 삼성전자 경기 기흥공장에서 근무했고, 그 뒤 4년5개월 동안은 충남 온양공장에서 일했다.

근로복지공단은 "근무 과정에서 벤젠이 포함된 유기용제와 포름알데히드 등에 간접 노출됐을 가능성과 1999년 퇴사 당시부터 빈혈과 혈소판 감소 소견이 있었던 점 등을 고려해 업무와 질병 사이의 상당한 인과관계가 인정된다고 판정했다"고 밝혔다.

이에 '반도체 노동자의 건강과 인권지킴이, 반올림'(이하 반올림)은 성명을 내어, "이번 결정으로 삼성뿐 아니라 모든 반도체 공장의 백혈병, 림프종, 재생불량성 빈혈 등 림프조혈계 질환 피해자들에 대해서도 산재 승인의 길이 열리게 됐다"며 "삼성 반도체 소송에도 영향을 끼칠 것"이라고 평가했다.

현재 삼성전자 반도체와 엘시디(LCD)생산 공정에서 일하다 질병에 걸려 산업재해를 신청한 노동자는 모두 22명으로, 이 가운데 18명이 산재로 인정받지 못했고, 4명은 심사가 진행중이었는데 이번에 이들 중 한 명인 김씨가 승인을 받은 것이다. 산재로 인정받지 못한 18명 중 10명은 현재 소송을 진행하고 있다. 지난해 6월 서울행정법원은 백혈병으로 숨진 삼성전자 경기 기흥공장 반도체 생산라인 노동자 황유미·이숙영씨에 대해 업무상 재해임을 인정했지만, 근로복지공단은 이에 불복해 항소한 상태다.

한편 삼성전자 쪽이 반도체 공정에서 일한뒤 백혈병 등에 걸려 고통받고 있는 직원과 가족을 상대로 약3년 만에 대화를 요청해 주목된다. 반올림은 "지난 2월 삼성전자로부터 대화 요청이 왔다"며 "하지만 삼성전자가 그동안 소송에 개입해 정당한 법적 권리 행사를 방해한 것에 사과하는 것은 물론 소송 보조참가를 중단하고, 삼성전자 노동자들의 백혈병은 업무와 무관하다'는 미국 산업안전 컨설팅업체 인바이런 사의 조사 결과 발표 내용을 정정해야 대화가 가능하다는 입장을 전달한 상태"라고 밝혔다. 김소연 기자 dandy@hani.co.kr

업들에서도 휴대폰 등 전자 기기를 생산하는 과정에서 백혈병에 걸려 고통 받는 환자들이 속출하고 있다. 반도체나 전자 산업의 산업재해 환자들을 위한 연대 조직인 '반올림'(반도체 노동자의 건강과 인권 지킴이)에 따르면 야간 교대 근무, 벤젠이나 신나 등 화학 물질, 방사선과 같은 것들이 모두 발암 요인인데 반도체 산업이나 전자 산업의 노동자들이 일상적으로 이런 요인

한국은 산업재해율 세계 1위라는 불명예 기록을 갖고 있다. 1987년에 문송면 군이 사망한 이후에도 산업재해로 인한 사망자는 계속 발생하고 있다. 첨단산업의 상징인 반도체 공장의 안전 문제는 특히 심각하다.(위: 한겨레신문 1988. 7. 7. 아래: 한겨레, 2012. 4. 11.)

들에 노출되어 있다고 한다. 지금까지 알려진 피해자 수만 해도 154명인데, 그중에서 61명이 사망했다. 현실적으로 수많은 장벽이 있어 산재 신청을 내기도 어려운 가운데 희생자 22명이 어렵사리 산업재해 인정을 신청했지만 고용복지공단이 승인한 피해자는 단 1명에 불과하다.(2012년 4월)

이처럼 한국은 경제 수준은 선진국 대열이라고 하나 산업 안전은 아직도 후진국 수준이다. 수많은 노동자들이 고용불안에 시달리는 것도 모자라, 산업재해에도 시달린다. 마음 편히 일하기 힘든 것이다. 대표적으로 현대자동차나 대우조선 노동자들의 근골격계 질환, 한국타이어 노동자들의 심근경색이나 폐질환, 삼성전자나 매그나칩반도체 노동자들의 백혈병 등을 산업질환의 사례로 들 수 있다. 이러한 명백한 가시적 질환은 물론, 직무 스트레스와 같은 비가시적 질환 등의 위협 요인도 다수 상존한다. 요컨대, 한국인의 노동건강은 낙제점 수준이다.

끊이지 않는 스트레스와 질병

1980년대를 거치면서 일본에서 과로사, 즉 일을 지나치게 많이 해서 죽음에 이르는 것이 큰 사회문제가 된 적이 있다. OECD나 ILO 등 국제 사회에서도 문제제기가 많았고 친기업적인 노동조합조차 비판하고 나설 정도였다. 연간 교통사고로 인한 사망자보다 과로사 수가 더 많은 경우도 있었다. 연간 실노동시간이 2500시간대를 달렸을 뿐 아니라 노동 강도나 심리적 압박이 너무 심해 노동자들이 심혈관 질환이나 뇌출혈에 취약해져서 소중한 생명을 잃는 일이 많았던 것이다. 이러한 사회적 압력에 일본 정부도 점진적으로 노동시간 단축을 강력하게 추진하여 현재는 1900시간을 넘지 않을 정도가 되어 미국의 공식 노동시간과 비슷해졌다.

그런데 이제 한국이 과로사나 소진, 스트레스의 왕국처럼 되었다. 피로가 누적되다 보면 만성 피로 상태에 들어가 불면증이나 무력감에 시달리기도 한다. 시간만 나면 잠을 자려 하지만 마음이 불편해 숙면을 취하기도 어렵다. 소진burn-out이란 이런 만성피로와 정신적 황폐화가 같이 진행되는 상황이다. 육체적으로나 정신적으로 너무 지쳐 쓰러질 지경인 상태가 소진 상태인 셈이다. 이렇게 되면 집에 와서 쉬더라도 쉬는 느낌이 들지 않으며, 놀아도 마음은 제대로 놀지 못하는 상태가 된다.

아직도 한국의 노동시간은 OECD 나라 중에서 최고인 2400시간대, 제조업의 경우 실제 노동시간은 2600시간 이상을 기록하고 있고, 고용불안이 심해지면서 노동시간 그 자체보다도 노동강도나 심리적 압박이 강하다. 특히 아직도 상사보다 먼저 퇴근하지 못하는 등 조직 분위기가 매우 권위적이고 상사 눈치 보기가 심한 편이어서, 노동시간 단축 노력에도 불구하고 실질 노동시간은 여전히 긴 편이다. 직장과 생활 양립을 위한 각종 법률적·제도적 노력이 작업장 분위기나 노동시장의 분위기를 넘어서지 못하는 형편이다.

최근에는 직무 스트레스에 대한 연구가 많이 이루어지고 VDT 증후군, 경견완증후군, 근골격계 장애 등 다양한 직업병이 사회문제가 되고 있다. 직무 스트레스는 일 자체나 직장 동료나 상사로부터 받는 스트레스, 그리고 조직 문화나 조직 관리 방식에서 오는 스트레스 등으로 나뉘는데 노동시장의 불안 정성이 높아지고 세계화로 경쟁이 격화하면서 직무 스트레스는 세계적 현상이 되고 있다. VDT 증후군은 컴퓨터 스크린에서 나오는 해로운 전자기파가 유발하는 두통·시각장애 등을 가리키는 것으로 특히 컴퓨터로 작업을 주로 하는 사무직이나 관리직 노동자들이 많이 겪는다. 경견완장애 역시 VDT 증후군의 일종으로 목과 어깨, 팔, 손목에 근육통이 생기고 마비되는 질환이다. 자동차 공장 등 금속산업 분야의 노동자들은 근골격계 장애들에 많이 시달리는 편이다.

그리하여 과거에는 주로 저임금이나 임금체불 등이 노사 갈등의 이슈였으나 최근에는 그 외에도 노동건강 이슈가 부각되고 있다. 사실, 건강 문제는 삶의 질 차원에서도 가장 기본적인 문제이기 때문에 노·사·정 누구도 지나칠 수 없다. 이 문제를 풀기 위해서는 개인의식의 고양뿐 아니라 기업 경영 차원, 나아가 정부 정책 차원에서 근본적으로 새로운 접근을 해야 한다.

마음까지 갉아먹는 노동

한편, 오늘날은 '고객 만족'을 강조하는 시대라 단순히 육체적·정신적 능력을 힘껏 내뿜는 것만으로 부족한 경우가 많다. 항공사 승무원이나 백화점 점원 같은 경우, 고객 만족을 위해 웃음이나 친절을 상품으로 팔게 된다. 특히 서비스 업종에서는 직원들이 고객을 직접 상대하고 만족감을 주어야 하기 때문에 자신의 느낌이나 정서를 있는 그대로 표현할 수 없다. 그러니 오히려 고객이 기쁨을 느낄 수 있도록 하기 위해 진정한 자신의 마음을 속이거나 지나치게 친절한 척해야 하는 경우가 많다. '사랑합니다, 고객님' 하고 친절히 전화를 받는 콜센터 직원들은 욕설이나 성적 희롱을 들으면서도 제대로 항의하고 화를 내지 못한다. 이런 식으로 노동자가 자신의 속마음이나 느낌을 억누른 채 상대방의 만족을 위해 늘 밝고 웃는 표정을 지어야 하는 것을 '감정 노동'이라 한다.

그런데 사실은 이 감정노동이 꼭 서비스 업종에서만 일어나는 것은 아니다. 제조 업종에서도 마찬가지로 일어난다. 특히 동료와 동료 사이, 부하와 상사 사이에서도 이러한 감정노동이 일어나는 경우가 있다. 직장에서 인간관계를 원만히 하거나 윗사람에게 잘 보이기 위해 자신의 속마음이나 참된 감정을 억지로 참아야 하는 경우, 아니면 일부러 친절하고 상냥하며 멋있게 보이려 조금씩 오버하는 경우들이 바로 그런 상황이다.

버클리대학교의 A. 혹스차일드 교수에 따르면 이러한 감정노동은 "대인적 상호 작용 과정에서 조직이 요구하는 감정을 표현하기 위해 자신의 어조, 표정, 몸짓 등을 조절하려는 노력"으로 정의되며, 이것은 다시 표면행위와 심층행위로 나뉜다. 표면행위란 겉으로만 그런 감정노동을 하고 속으로는 자신의 모습을 유지하는 경우다. 심층행위란 겉으로도 감정노동을 하지만, 속으로도 진정한 자신의 모습을 스스로 비틀어 정말로 그렇게 느끼려고 하는 경우다. 왜냐하면 자신의 겉과 속이 다르다고 느끼는 경우에 일종의 '감정부조화'를 경험하면서 심적으로 불편해지기 때문이다. 그러니 마음속까지 바꿔버리는 것이다. 표면행위에 그치는 감정노동도 문제이긴 하지만, 심층행위까지 그렇게 감정노동을 오래 하다 보면 나중에는 아예 자신의 느낌과 생각, 행동이 실석으로 변해버린다. 한마디로, '사회적 DNA'가 변해버린다. 이렇게 되면 더 이상 자신의 참된 모습을 알아볼 수 없다. 그런 식으로 세대가 바뀌고 더 많은 세월이 흐르면 예전과는 상당히 다른 사람의 모습이 나타날 수 있다.

사실, 오늘날 우리가 취업을 위해 모든 걸 참고 오로지 공부만 해야 한다거나, 취업 후에도 오로지 생계를 위해 온갖 더러운 걸 참고 오로지 앞만 보고 달려야 한다는 강박에 빠져 있는 것도 모두 이런 측면과 연관이 있다. 즉, 현실에서 살아남기 위해서는 강자와 동일시를 하고 강자의 논리를 내면화하며 주어진 조직의 목표나 환경에 적응해야 한다. 그러면서 불편해진 자신 본래 내면을 스스로 바꾸기 위해 표면행위를 넘어 심층행위까지 하면서 자기 자신을 배신하는 것이다. 이런 일은 단순히 서비스 업종에만 국한된 것이 아니라 자본주의 노동과정을 직접 체험하는 노동자는 물론 그 노동자의 경험을 통해 온 사회로 확산되고 있다. 이런 현상을 '감성적 프롤레타리아화emotional proletarianization'라 할 수 있다. 마치 과거에 생산수단을 잃어버리면서 사람들이 경제적 차원에서 무산자(프롤레타리아)로 돼갔던 것처럼, 오늘날 노동자들은 자신의 노동과정에서 자기 고유의 정체성, 특히 내면의 느낌이나 정서, 감정 등까지 잃어버린다. 대신에 이들은 강자로 확인된 체제나 조직에서 살아남기 위해 그에 걸맞은 논리나 정서를 마치 자신의 것처럼 수용하고 신념화한다. 자신의 원래 감정이 얼어붙고 정서적으로 황폐해지는 이런 과정을 과거의 경제적 프롤레타리아화에 견주어 감성적 프롤레타리아화라 할 수 있다. 다만, 예전의 경제적 프롤레타리아화와는 달리 이 감성적 프롤레타리아화는 폭력적 강제, 즉 타율성에 의해서만이 아니라 노동자 스스로 자발적인 선택에 의해, 즉 자율성의 형식을 빌려 일어난다는 점이 다르다.

왜 사람들은 건강이 망가지도록 일할까?

이제 우리는 이런 질문을 던져야 한다. 행복하게 살기 위해 일을 하는 것인데, 왜 사람들은 건강이 망가지도록, 심하게는 생명이나 자기 자신의 고유한 정체성을 잃을 정도로 일을 하게 될까?

가장 흔한 대답은 '생계' 문제다. 그렇다. 먹고사는 게 가장 기본이니까 생계 때문에 어쩔 수 없이 그렇게 된다는 말도 틀린 말은 아니다. 특히 독신이 아니고 가족이 있는 경우, 자녀가 있고 또 그 자녀가 한창 돈이 많이 들어가는 학생인 경우, 생계를 책임진 사람으로서는 설사 내 한 몸 희생하더라도 가족을 위해, 아이를 위해 열심히 일해야 한다고 믿는다. 게다가 한국 사회는 주거비와 교육비 등 기본적인 생활을 위해 드는 비용이 매우 많다. 그리고 예전엔 대가족 제도 아래서 자녀들이 성장하면 부모를 봉양했으나 이제는 그렇지 않다. 그렇다고 사회보장이 든든한 것도 아니다. 그러니 지금의 생계와 나중의 노후를 위해서라도 부지런히 벌어야 한다. 이러한 생계 강박증이 장시간 노동이나 만성적 피로, 심지어 산업재해나 일중독도 마다 않고 일을 하게 되는 배경이다.

그러나 이 설명은 진실의 일부에 불과하다. 왜냐하면 지구상에는 한국보다 훨씬 적게 일하는데도 삶의 질은 훨씬 높은 나라들이 많기 때문이다. 가장 적게 일하는 축에 드는 네덜란드는 물론 독일이나 프랑스를 보라. 그들은 우리보다 평균 연간 800시간이나 더 적게 일하면서도 훨씬 풍요로운 삶을 누린다. 이것은 동일한 자본주의이지만 '사회 구조'가 다르기 때문이다. 물

론 역사적으로는 과거 식민지를 지배하면서 부를 거저 얻은 면
도 있긴 하다. 그러나 보다 중요한 것은 이들 나라에서는 적으
면 적은 대로, 많으면 많은 대로 사회적 부를 비교적 고르게 나
누어 사회적 약자를 배려하는 한편, 주거나 교육·의료 문제 등
을 사회적으로 해결했다는 점이다. 그것은 넓게 보면 삶의 질을
높이기 위한 노·사·정 사이의 대화와 협상이 가능한 사회적
분위기가 형성돼 있으며, 그 밑바닥에 강력한 노동조합 운동이
나 높은 사회의식 수준이 자리 잡고 있고, 개인의 권리 의식과
더불어 사회적 책임 의식을 체계적으로 교육한다는 점 등이 자
용한 결과이다.

　그런데, 이러한 설명도 한계가 있다. 왜냐면 생계에 시달리는
한국은 물론 사회구조가 다른 유럽 사회들에서조차 갈수록 더
많은 사람들이 일중독 경향을 보이고 있기 때문이다. 이것은 아
무래도 신자유주의적 세계화로 인한 '경쟁 압박'이 작용한 결과
일 것이다. 즉, 예전에는 노동관계법이나 노동조합 같은 노동자
의 인권을 보호하고 노동의 인간화를 이루려는 제도적 장치들
이 제대로 역할을 했지만, 신자유주의적 세계화 물결로 인해 그
러한 보호 방벽들이 하나씩 무너지고 있는 것이다. 세계 시장의
경쟁 상황은 이제 아무런 보호 장치도 없이 개별 기업에게, 나
아가 개별 기업의 각 노동자에게 직접 다가간다. 예컨대 김영삼
정부 당시 국정 홍보 자료에 이런 내용이 있었다. "당신의 경쟁
자는 누구입니까?"라는 질문에 주부는 "나는 독일의 주부가 경

쟁 상대입니다"라고 답하고 공무원은 "나는 싱가포르의 공무원이 경쟁 상대입니다"라는 식으로 답하는 내용이었다. 이제든 주부든 공부원이든 '국제적' 시각에서 경쟁해야 하는 시기라는 것이다. 이런 광고가 이미 세계화 시대를 예고한 셈이다. 이제 믿을 것은 아무도 없고 오로지 자신의 역량뿐이다. 이제는 한국만이 아니라 세계 전체를 상대로 경쟁을 해야 한다. 따라서 기업의 경쟁력 향상에 도움이 되는 역량을 갖추지 못했거나 도움이 되지 않는 역량만 갖춘 자는 언제든 해고당할 수 있는 사람으로 전락한다. 상시적 해고 위협이 각 노동자의 머리를 짓누르는 '악마의 맷돌'로 돼버렸다.

　바로 이런 상황 속에서 사람들은 '노동 동일시'를 더 강하게 하는 경향이 있다. 이제 자신의 삶은 곧 노동이다. 노동에서 성과를 내는 것이 삶의 유일한 목표가 된다. 설사 내 몸이 좀 망가지더라도 "설마 죽겠어?" 또는 "언젠가는 나아지겠지" 하는 생각을 하면서 마냥 앞만 보고 달린다. 심지어 자신의 느낌이나 감정조차 스스로 속인다.(감성적 프롤레타리아화) 친구나 동료와 어울리거나 노동조합이나 소모임에 참여해 소통과 연대를 하는 일 따위는 사치에 불과하다. 오로지 나 혼자 살아남기, 이것만이 삶의 목표가 된다. 주변에서 잘려나가는 사람들을 보고, 망하는 기업을 볼수록 이런 경향은 더 강해진다. 그리하여 마침내 자신이 쓰러질 때까지 그러한 잘못된 믿음은 계속된다. 사고나 피로 누적으로, 또는 병으로 더 이상 일어나지 못하고 쓰러

〈노동자가 죽도록 일하게 되는 이유〉

지기 직전이 돼서야 사람들은 깨닫는다. 이게 내 삶이 아니었다는 것을. 그러나 이미 때가 늦은 경우가 많다.

따라서 우리는 우리 자신의 건강한 삶을 파괴하는 이런 사태가 너무 많이 진행되기 전에, 노동의 실상에 대하여, 노동과 자신의 관계에 대하여, 노동사회가 인간의 삶과 맺는 관계에 대해, 세계화 및 세계시장을 둘러싼 경쟁이 인간 사회에 미치는 영향에 대해, 보다 냉철한 인식을 하고 그 인식을 바탕으로 올바른 실천과 변화를 모색해야 한다.

노동을
보는 눈
7

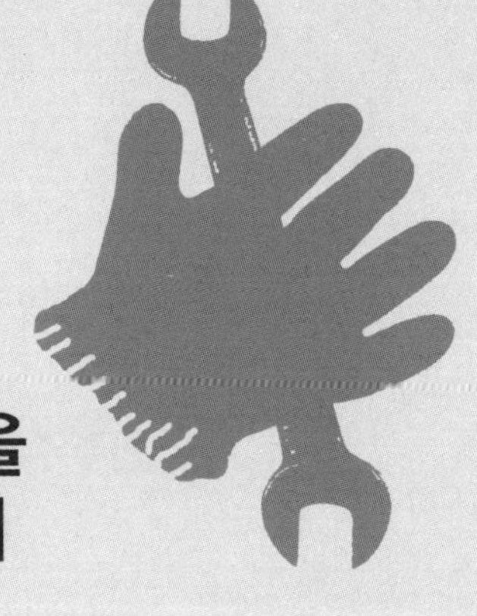

노동자가 사장을
투표로 뽑을 때

—

노동자의
경영참가

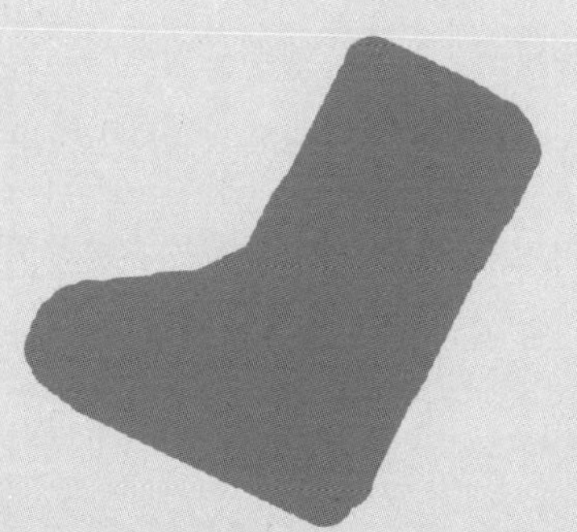
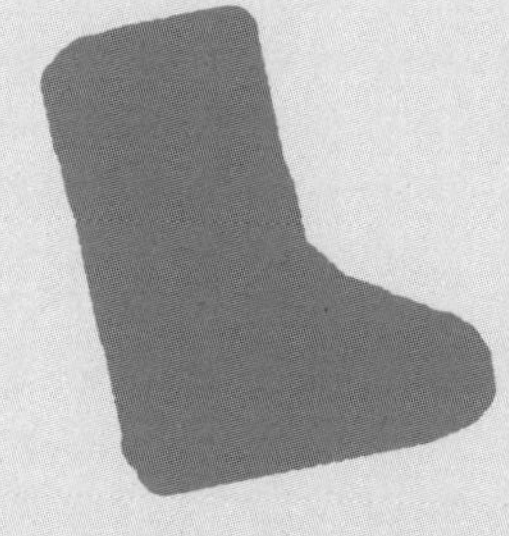

"민주주의는 공장 문 앞에서 멈춘다"

"민주주의는 공장 문 앞에서 멈춘다"는 말이 있다. 과연 이는 무슨 뜻일까? 공장 밖에서는 민주주의가 실현되지만 공장 안으로 들어가면 사라진다는 말이다. 상품 생산이 이뤄지는 공장 안에서는 경영자가 일종의 독재를 한다는 말이다. 앞서도 살펴봤듯이, 자기 뜻대로 농사를 짓던 농민은 땅을 잃고 공장 노동자가 되어 일하러 갔을 때 완전히 딴 세상을 만났다. 우선 작업 리듬이 인위적이었고 감독자의 지시와 명령을 받으며 일해야 하므로 그 과정이 너무나 낯설었다. 일하는 사람들은 이제 자기가 일을 한다고 느끼기보다는 마치 큰 기계의 부속품처럼 움직여야 했다. 특히 무엇을, 왜, 어떻게 생산하는지와 관련하여 노동자들은 아무 목소리도 낼 수 없었다. 모든 게 일방적이었다. 게다가 갈수록 이 공장과 저 공장 사이에, 또 같은 공장이라도 이 라인과 저 라인 사이에 경쟁이 심해지다 보니 스트레스가 높아지고 소외감을 점점 더 느끼게 됐다. 한마디로, 공장 밖에서는 민주주의가 있을지 몰라도 공장 안에서는 경영의 독재, 자본의 독재가 팽배했다. 자연히 노동자의 분노와 저항도 직·간접적으로 속출했다.

바로 이런 상황에서 노사관계나 노동문제를 연구하는 학자들 사이에 '산업민주주의industrial democracy'가 논의되기 시작했다. 그것은 일차적으로 노동조합 결성으로 상징되는 노동자의 단결권이나 노사간의 성실한 단체교섭권, 최후의 수단으로서 노동자의 단체행동권을 보장하는 것, 나아가 노동자나 노동조합이 경영에 참여하여 나름의 입장을 낼 수 있게 하는 것을 포함했다. 영국에서는 이미 19세기 말에 웹 부부S. and B. Webb가 이러한 산업민주주의를 처음으로 제창하기 시작했고, 독일이나 이탈리아에서는 1920년대 이후 노동자평의회 운동이 강하게 성장하면서 아래로부터의 산업민주주의를 요구했다. 그러다가 제2차 세계대전 이후 고도 성장기를 거치면서 노동자의 불만이나 저항이 특별히 높아진 1960년대 말부터 1970년대 이후엔 '노동의 인간화' 차원에서 또는 새로운 인적자원관리 차원에서도 노동자의 경영 참여를 통한 산업민주주의의 필요성이 강조되기도 했다. 이러한 노력들은 모두, "공장 안에서도 민주주의를 구현하자"는 것으로 요약된다.

한편, '경제민주주의'라는 개념도 중요하다. 그것은 한 공장이나 기업 수준을 넘어 전체 경제 차원에서 민주주의가 이뤄져야 한다는 것이다. 사실, 국회의원 및 대통령 등은 직접 뽑는 정치적 민주주의는 형식적이고 절차적인 민주주의에 그치는 경향이 있어 그 한계가 크다. 우리의 일상적 삶에 가장 큰 영향을 미치는 것은 사람들이 일하는 방식, 먹고사는 방식이기 때문에 공장이나 회사, 나아가 경제 전반의 의사결정이 누구에 의해 어떻게 이뤄지는가 하는 문제가 대단히 중요하다. 이런 면에서 '경제민주주의'는 성장과 분배를 조화시키고 공정 경쟁을 위해 독점을 방지하며 국가가 경제에 개입해 재벌의 횡포를 막고 정경 유착을 해결하는 정도로만 머무르는 것이 아니다. 보다 근본적으로 생산수단과 노동력의 재결합 문제, 토지나 노동, 화폐의 탈상품화 문제, 생산양식이나 생활양식의 혁신 문제를 민주적으로 토론하고 합의하는 것으로 발전해나가야 한다.

이러한 산업민주주의나 경제민주주의 문제를 좀 다른 각도에서 보면, 기존의 의회 민주주의가 간접 민주주의를, 그리고 그리스의 아크로폴리스 정치나 독일의 노동자평의회 운동이 직접 민주주의를 대변한다고 할 때, 이 산업민주주의나 경제민주주의를 이루는 방식은 그 중간 단계인 '참여' 민주주의라고 할 수 있다. 따라서 이것은 민주주의의 내용도 중요하고 절차 역시 중요함을 강조하는 개념이다. 이것을 실천해야 할 주체는 당연히 우리들 자신이다.

경영참가의 종류

앞서 말한 "민주주의가 공장 문 앞에서 멈추는" 사태를 예방하기 위한 산업민주주의를 이루는 데는 경영참가가 대단히 중요한 제도적 장치가 될 수 있다. 물론, 이것이 위로부터 추진되는지, 아니면 아래로부터 추진되는지에 따라 그 실효성은 많이 달라질 수 있다. 위로부터 추진된다는 것은 노동자의 불만이나 저항을 효과적으로 받아들이고 해결하는 수단으로 쓰인다는 말이다. 반면, 아래로부터 추진된다는 것은 노동자나 노동조합의 현장 영향력이 막강한 힘을 발휘하여 경영진을 압도하거나 최소한 대등한 입장에서 노동자의 목소리를 체계적으로 표출하고 반영한다는 뜻이다. 가장 좋은 것은 당연히도 아래로부터의 힘이 바탕이 된 상태에서 위로부터의 변화가 같이 일어나는 것이다. 그러나 아래로부터의 조직적인 힘이나 지속적인 압력이 전제되지 않는다면, 위로부터의 변화는 그 생명력이 길지 않거나 실효성도 떨어질 것이다.

이러한 경영참가 제도에는 크게 세 가지가 있다. 소유참가, 결정참가, 분배참가가 그것이다. 소유참가란 노동자가 직접 자본을 소유하게 되는 것을 말한다. 가장 대표적으로 미국의 종업원지주제ESOP 나 스웨덴의 임금소득자 기금제wage earner fund , 스페인의 몬드라곤 협동조합cooperatives , 예전 유고의 자주관리제Self-Management 를 들 수 있다. 다음으로 (가장 중요한) 결정참가란, 기업의 의사결정 과정에 노동자 대표나 노동조합이 참여하는 것으로, 그 수준에 따라 전략적 의사결정 참가, 관리적 의사결정 참가, 일상적 의사결정 참가 등으로 나눌 수 있고, 그 정도에 따라 공동 결정, 공동 협의, 정보 공유 등으로 나눌 수도 있다. 1920년대 독일이나 이태리의 노동자평의회 운동은 공장 수준에서 노동자들이 일상적이고 관리적인 차원에서 직접 민주주의를 구현하려던 운동으로, 아래로부터의 결정참가 형태라 할 수 있다. 오늘날도 독일이나 프랑스, 그리고 노르웨이·덴마크·스웨덴·핀란드 등 유럽 여러 나라들은 이러한 의사결정 참가가 가장 잘 되고 있는 대표적인 곳이다. 끝으로 분배참가란, 기업의 성과나 이윤에 대해 노동자에게 일정한 부분을 나눠주는 것으로, 가장 대표적으로 생산성 향상분에 대한 참가인 럭커 플랜이나 매출액 상승분에 대한 참가인 스캔론 플랜을 들 수 있다. 한국의 일부 대기업에서도 행하는 성과 상여금도 이러한 분배참가의 일종이라 할 수 있다.

여기서 가장 기본적인 것은 당연하게도 소유참가이다. 기업의 소유 구조가 어떤가에 따라 각종 권리가 달라지며 결정참가나 분배참가에서도 그 수준이나 내용도 달라지기 때문이다. 그런데 전반적인 사회경제 시스템이 자본주의로 머무는 한, 노동자들이 주식을 100% 소유한 노동자자주관리 기업조차 치열한 시장경쟁에 노출되다 보니 결정참가나 분배참가를 계속 유지하기가 쉽지는 않다. 그러나 한국의 키친아트나 우진교통, 한겨

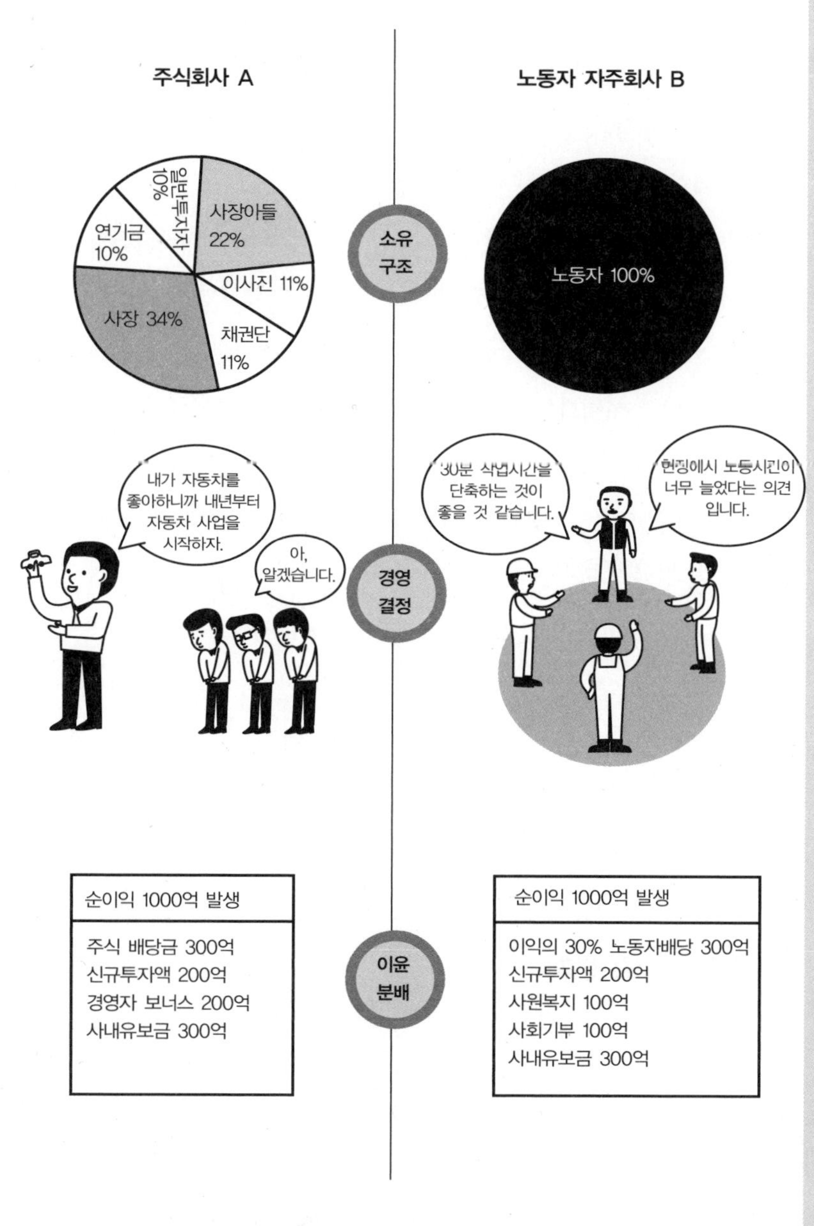
주식회사 A
노동자 자주회사 B

일반투자자 10%
연기금 10%
사장아들 22%
이사진 11%
사장 34%
채권단 11%

노동자 100%

소유 구조

내가 자동차를 좋아하니까 내년부터 자동차 사업을 시작하자.
아, 알겠습니다.

30분 작업시간을 단축하는 것이 좋을 것 같습니다.
현장에서 노동시간이 너무 늘었다는 의견입니다.

경영 결정

순이익 1000억 발생
주식 배당금 300억
신규투자액 200억
경영자 보너스 200억
사내유보금 300억

순이익 1000억 발생
이익의 30% 노동자배당 300억
신규투자액 200억
사원복지 100억
사회기부 100억
사내유보금 300억

이윤 분배

레신문이나 경향신문, 달구벌교통 등 몇몇 사례에서도 볼 수 있는 것처럼 노동자들이 주인의식과 상호 신뢰, 우애와 협동을 바탕으로 효율성과 인간성을 조화시킬 수 있다면 그나마 자본주의 안에서도 일할 맛이 나는 현장을 만들 수도 있다.

이런 면에서 사회적 기업이나 풀뿌리 기업들도 새로운 전망을 가질 수 있다. 왜냐하면 사회적 기업은 수익성보다 가난한 사람들을 위한 일자리 창출과 복지 사각 지대에 놓인 사람들을 위한 사회적 서비스의 제공과 같은 사명감을 우선시하기 때문이다. 풀뿌리 기업도 거대한 규모나 전국적 시장보다는 지역의 사람·원료·자원을 이용하여 지역 경제를 활성화한다는 구상에 기초해 있기 때문에 출발점부터 사회적인 차원이 강하다. 물론, 여기서도 전문적인 경험이나 역량이 매우 중요하긴 하지만, 상대적으로 소외된 사람들이 이러한 초기 문제의식을 가지면서 민주적인 의사결정을 해나간다면 기존 기업들의 한계, 특히 노동 소외의 문제를 어렵지 않게 넘어설 수 있을 것이다.

경영참가의 한계

경영참가는 노동의 소외를 극복하고 노동의 인간화를 이루기 위한 숭고한 뜻이 있음에도 불구하고 여러 가지 한계가 있다. 가장 근본적인 문제점은 자본주의 경쟁 체제와 이윤 동기를 그대로 둔 상태에서 이뤄지는 경영참가는 태생적 한계가 있다는 점이다. 어쩔 수 없이 자본주의 경제의 기본 법칙을 따라야 하기 때문이다. 그런 면에서 보면 경영참가보다 더 우선적인 것이 체제 변화다. 그런데 과거의 사회주의나 공산주의 체제에서는 형식적으로는 국유화를 통해 자본가 계급을 없애고 마치 노동자가 기업의 주인인 듯 변화를 이뤘지만 사실은 노동자를 대변한다는 당 관료들의 독재 체제가 시작됐다. 그리고 이들 관료는 새로운 특권층이 되었으며, 1990년대 이후 자본주의로의 전환 과정에서도 온갖 불법적인 일을 저지르며 이권을 독차지했다. 따라서 결정적으로 중요한 것은 자본주의냐 사회주의냐가 아니라 노동자들이 얼마나 실질적으로 생산과정이나 노동과정에서 주체가 될 수 있느냐 하는 점이다. 오늘날의 경영참가 제도 또한 그런 관점에서 보면 많은 한계가 보인다.

첫째, 스웨덴이나 독일에서 볼 수 있는 경영참가, 특히 결정참가는 일견 노동자의 대표가 사용자나 정부와 대등하게 의사결정에 참여하는 듯 보이지만, 사실은 자본주의 경제를 관리하는 데 일종의 '공동 경영자' 또는 '공동의 위기관리자'로 참여하는 것에 불과하다. 소유참가나 분배참가 역시 마찬가지다. 물론, 노동자 대표가 전혀 참여하지 못하거나 아예 배제되는 것보다는 낫지만, 결국 이 참여란 것도 생산관계나 생활방식 측면에서 근본적으로 방향을 바꾸는 정도는 아니다. 오히려 주요 결정의 집행 과정에서 나오는 사회적 악영향을 최소화하는 정도에서

타협하고 만다는 것이 그 한계다.

둘째, 미국이나 한국 등에서 볼 수 있는 종업원지주제 같은 소유참가는 노동자가 주인의식을 가지고 열심히 일을 하게 만들기도 하지만 동시에 노동자는 자본의 소유주이기도 하기 때문에 이윤 증대를 위해 온갖 비용을 줄이거나 노동 강도를 강화하는 데 적극 동참한다. 그 과정에서 동일한 조직에서 일하는 노동자가 인건비를 줄이기 위해 동료 노동자의 정리해고에 찬성하는 등 어이없는 일이 벌어지기도 한다. 즉, 한 사람에게서 한편에서는 주식을 소유한 자본가의 모습이, 다른 편에서는 노동력을 제공하는 노동자의 모습이 동시에 나타나면서, 정리해고 소식이 알려지는 순간 자본가로서의 반쪽 얼굴은 웃음꽃이 피는 반면, 노동자로서의 다른 반쪽은 분노감에 치를 떤다. 일종의 자아 분열증이다. 동료 노동자의 해고와 좌절이 자신의 이익으로 다가오는 사회적 모순, 일종의 사회적 자아분열, 바로 이것이 경영참가의 또 다른 한계다.

셋째, 경영참가를 제대로 실시하고 노동자의 인격을 존중하며 윤리경영을 하는 기업일수록 높은 경쟁력을 유지하여 지속 가능성이 높아지면 좋겠지만, 불행하게도 현실의 세계 경쟁에서는 야비한 기업이 더 경쟁력이 높은 경향이 있다. 물론 실제 현실은 이보다 훨씬 복잡하기는 하다. 무하마드 유누스의 그라민 은행처럼 무담보 소액대출을 통해 가장 가난한 나라의 가장 가난한 사람들을 가난으로부터 벗어나게 해주는 사회적 기업이 성공하는 경우도 있고, 아니타 로딕의 '바디 샵Body Shop'처럼 친환경적인 경영마인드로 생산과 유통을 혁신함으로써 오히려 대중의 인기를 얻은 경우도 있다. 하지만 다른 한편에서는 여전히 제3세계의 광산을 무자비하게 채굴하거나 암 유발 물질을 함부로 쓰며 노예노동 비슷한 억압적 노사관계를 유지하는 비윤리적인 기업이 초일류 기업 행세를 하는 경우가 많다. 이렇게 경영참가가 경영에 강점이 되기도 하지만 걸림돌이 되는 경우가 많다는 점이 또 다른 한계라고 할 수 있다.

노동자가 주인인 회사들

노동자 자주관리는 기업이나 공장 등의 경영권이 자본이나 국가에 있지 않고 일하는 노동자에게 있어서, 노동자가 직접 기업을 소유하고 관리하며 운영해나가는 것을 말한다. 1950년대 유고슬라비아가 소련과 불화를 겪으면서 독자적인 대안으로 실시한 것으로 유명하다. 그러나 이것은 사회주의의 전유물은 아니었다. 한국에서도 해방 직후에 일제가 남기고 간 공장이나 건물을 노동자들이 자주적으로 관리하자는 운동이 있었고, 최근에도 소수이긴 하지만 자주관리 기업들 사례가 제법 있다. 대표적으로, 인천의 키친아트, 청주의 우진교통, 대구의 달구벌버스, 진주의 삼성교통 및 시민버스 등을 들 수 있다.

주방용품의 대명사 키친아트(주)는 인천의 경동산업(1960년
창립)이 부도가 나자 20명 직원들이 모두 퇴직금을 모아 2001
년에 새로운 기업을 출범시킴으로써 탄생했다. 모든 구성원들
이 혼연일체가 되어 열심히 노력한 결과 10년 연속 흑자 행진을
하기도 했다. 모든 직원이 주인의식을 갖고 모두가 CEO의 입
장이 되어 협력한 결과가 오늘의 키친아트를 만들었다. 특히 회
사가 어려움에 처하면 특정한 개인이나 집단에 책임을 묻기보
다 모든 구성원이 공동 책임을 지는 형태로 조직 분위기가 형
성되었다. 구성원간 신뢰와 협동, 존중과 인내라는 인간적 요소
들이 조직의 효율성도 높일 수 있다는 교훈을 주는 셈이다. 게
다가 기업의 성과를 지역사회와 공유하기 위해 지역의 명망 있
는 인사들로 공익사업회를 구성하고 2006년부터 수익의 10%

를 불우청소년, 비정규직 자녀, 독거노인, 해고자 등 어려운 이웃에게 돌리고 있다. 요컨대, 공동소유·공동경영·공동책임·공동분배의 원리를 충실히 이행한 것이 불과 20명의 구성원이 매출 700억 원대의 중견 기업을 일궈낸 비밀인 셈이다.

청주 우진교통(주) 본부 건물에는 "노동자의 희망을 실천한다"라는 구호가 붙어 있다. 이 회사는 2005년 1월에 자주관리 회사로 출범했다. 임금체불과 부도, 도산으로 파탄이 난 기존 회사를 조합원인 노동자들이 인수하여 재출범한 우진교통은 악성 부채(총 146억6000만 원 중 66억4000만 원 상환) 등 온갖 어려움을 이기고 출범 3년 만에 당당히 제 발로 서게 되었다. 처음엔 많은 사람들이 경영에 대한 전문성도 없는 노동자들이 수익성을 내기도 어렵다며 고개를 흔들었다. 그러나 3주년 기념식에서 김재수 대표이사는 "노동자 자주관리 기업답게 노동의 소외를 극복하고 노동기본권이 존중될 수 있도록 최선을 다했다. 지위고하를 막론하고 1인 1표제의 민주적 운영을 해왔다. 승무팀과 경영관리팀 연석회의를 통해 책임경영을 함께 일구었다. 노동자들은 자율성 속에 스스로 책임지는 노동과정을 통해 회사와 함께 했다. 이것이 우진교통의 현재를 만들었다"고 말했다.

자주관리 회사가 되기 전 우진교통은 상습적인 임금 체불로 노동자들의 불만이 높았다. 노동자들은 청주시청 점거나 도로 점거 등을 통한 투쟁으로 기존 회사의 사업면허를 취소하게 만들었고 제3자 공모방식으로 새 사업자를 선정하되 현 노동자의 고용 및 임금을 보장하게 했다. 한편, 기존 회사 경영진은 체불 임금 대신 주식 50%를 노동조합에 이양하기로 했다. 그리하여 2005년 1월, 충북 지역 최초의 노동자 자주관리 기업이 탄생했다. 그러나 천문학적인 빚을 계속 갚아나가기 위해 넘어야 할 산은 많았다. 그 와중에 약 50명의 노동자들이 집단 퇴사를 하고 체불 임금이나 퇴직금 지급을 요구하며 40여억 원을 가압류해버리기도 했고, 설상가상으로 차고지가 주택공사 주관의 택지지구에 편입됨으로써 차고지를 상실할 지경까지 이르렀다. 그러나 그런 시련을 딛고 우진교통은 2012년 현재 차량 대수 108대, 구성원 270명, 총매출액은 약 200억 원에 이르는 탄탄한 회사로 성장했다. 중요 의사결정은 모든 조합원이 참여하는 총회 및 각 대표로 구성되는 자주관리위원회에서 이뤄진다. 그리고 현장시스템은 직무자치의 실현과 책임 있는 자율을 모토로 돌아간다. 당연히 노동조합과도 대등한 입장에서 논의하고 합의하는 구조를 갖고 있다.

또한, 2007년 2월에 정식 출범한 진주의 시민버스(주)도 자주관리 기업으로 들 수 있다. 이 회사의 전신인 신일교통(주)는 2006년 8월 체불임금 13억 이상을 포함해 모두 65억 원의 빚을 감당하지 못해 최종적으로 부도 처리됐다. 석 달 뒤엔 사업면허도 취소되고 말았다. 비관적인 사태에 한 노조 조합원이 스스로 목숨을 끊기도 했다. 그 상황에서 노조를 중심으로 조합원 160명이 각기 500만 원씩 출자를 해 8억 원의 종자돈으로 버스 73

대를 사 완전히 새 회사를 만들어 노동자 자주관리 기업을 탄생시켰다. 시민버스는 겉으로는 자본-경영-노동이 일체를 형성한 자주관리 기업이지만, 실제로는 역할 분담이 되어 있다. 자본인 출자금 지분은 시민단체에 위탁했고, 승무원 노동자는 노동만 담당하며 경영은 대표와 자주관리위원회가 책임진다. 자주관리위원회는 대표이사가 당연직으로 참여하고 대표와 선임부장을 포함한 관리단 3명, 승무원 대표 3명으로 구성된다. 매월 1회씩 회의를 통해 경영에 관련한 모든 의사결정이 이뤄진다. 아직 상여금은 없고 임금만 주는 상황인데 비록 임금은 적은 편이나 '내가 곧 회사의 주인'이라는 의식 속에 일종의 공동체적 책임감으로 일하고 있다.

그렇지만 현실적으로 여러 어려움에 처하곤 한다. 일례로, 땅 주인이 부도를 내 차고지가 경매로 넘어가는 어려움을 겪기도 했지만, 수익성을 높이기 위해 함부로 요금을 올릴 수도 없다. 대개 버스를 이용하는 고객은 주로 노인이나 학생 등 교통 약자들이기 때문이다.(지방자치단체가 보조금을 주는 준공영제는 이런 면에서 큰 도움이 된다.) 이런 한계들에도 불구하고 자주관리라는 특유의 민주적인 경영으로 조합원들은 어려움을 무난히 극복해나가고 있다. 물론 갈수록 치열한 경쟁상황이 자주관리 기업에 여러 도전을 던지는 것도 간과할 수는 없는 문제다.

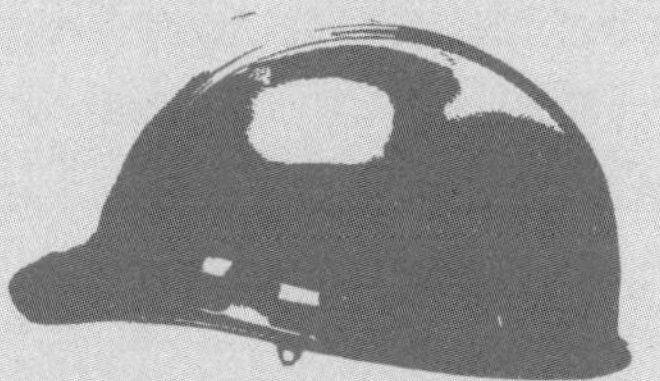

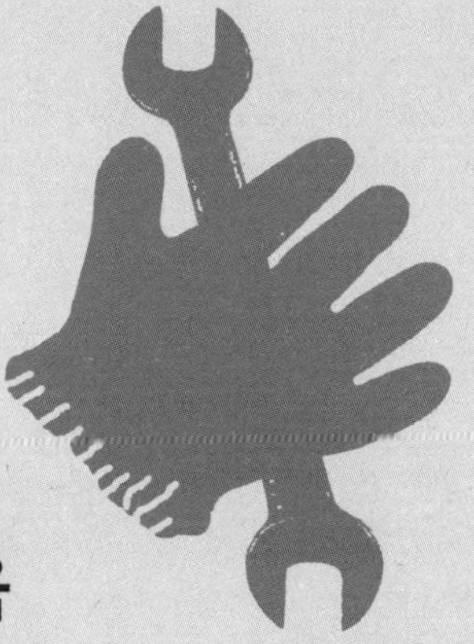

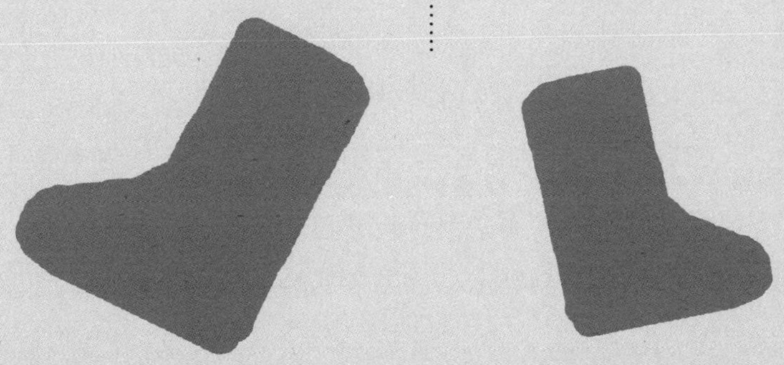

노동자와 기업의
끝나지 않는 싸움

—

진정한 노사
협력의 가능성

파이를 둘러싼 싸움

원래 노사관계란 자본, 즉 생산수단을 가진 자본가 또는 그 이익을 대변하는 사용자(경영자)를 한편으로 하고, 노동력을 팔아 생활을 유지하는 노동자 또는 그 이익을 대변하는 노동조합을 다른 편으로 하는 상호 관계이다. 요컨대, 노동자 측과 사용자 측 사이의 관계를 노사관계라 정의할 수 있다.

흔히 노사간에 협력을 해서 생산성을 높이고, 얻은 이윤을 서로 잘 분배하는 것이 좋은 노사관계라고 생각한다. 이른바 파이를 크게 키워서 잘 나눠 먹어야 한다는 논리다.

그런데 노사관계는 상품 생산과 상품 판매를 높여야 한다는 차원에서는 상호 협력 관계이지만, 동시에 바로 그 과정에서 상호 갈등 관계가 되기도 한다. 생산이나 판매의 효율성을 높이는 과정에서 노동시간이 길어지거나 노동 강도가 심해지기도 하고 사용자 측에서 일하는 사람들의 인격을 침해하기도 하기 때문이다. 임금이나 복지 등 분배 영역에서는 갈등이 더 많이 벌어진다. 이렇게 노사관계는 협력 관계와 갈등 관계를 동시에 안고 있다.

또한 개별 노동자의 입장에서 보면 한 기업에 취업을 하고 회사 생활을 하는 일이 개인의 일상사에 머무르지만, 동시에 전체적인 관점에서 볼 때 이는 노동조합 등 노동자의 집단과 노동력 관리를 전담하는 기업 측 경영관리 집단 사이에 일종의 집합적 관계에 속한 셈이기도 하다. 다시 말해 노사관계란 개별적 관계임과 동시에 집합적 관계이기도 하다. 이렇게 노사관계는 협력과 갈등, 개인과 집단 등 여러 차원이 복합된 사회적 관계를 띠고 있다.

대체로 우리는 생산할 때는(파이의 크기를 키울 때) 협력 관계가, 분배를 할 때는(파이를 나눌 때)는 갈등 관계가 두드러진다고 생각하고 있지만, 실은 생산과정에서도 갈등 관계는 내재되어 있다. 왜냐하면, 무엇을 얼마나 어떻게 생산할 것인가 하는 근본적인 문제에서 이미 사용자 또는 자본가가 일방적으로 노동자에게 명령을 내리는 경우가 많고 따라서 노동자는 이미 노동과정에서 주체성을 상실하고 시키는 대로 일하게 되기 때문이다. 자본가가 노동자에게 "이 제품의 하루 생산량을 100개씩 늘려"라고 명령한다든지, "이 일은 오늘까지 끝내"라고 지시하

생산 과정에서의 대립

분배 과정에서의 대립

면 노동자는 그 지시에 따라 일해야 한다. 그러니 생산과정에서 조차 노동의 속도·방식·길이·환경·유연성·고용안정 등 여러 차원에서 노사간 갈등의 소지가 있고 이것이 민주적인 방식으로 원만하게 해결되지 않으면 그 갈등은 더욱 깊어지기도 한다. 파이의 분배 차원에서의 갈등은 굳이 설명할 필요가 없다. 대개는 임금·보너스·승진 등을 둘러싼 갈등으로 나타난다. 게다가 파이의 원천, 즉 무슨 재료를 써서 어떤 방식으로 상품을 생산하는가 하는 차원에서는, 사람이나 자연의 건강을 생각지 않을 수 없다. 상대적으로 잘 사는 나라의 기업들은 가난한 후진국으로부터 값싼 원료를 도입하거나 값싼 노동력을 이용하여 고수익을 올릴 수 있다. 또 '환경 해적'이란 말처럼 열대우림이나 광산 개발 과정에서 환경운동이 덜 활발한 후진국들의 자연 생태계를 무자비하게 해치는 경우가 많다. 게다가 요즘은 유전자 조작 식품이나 환경호르몬 물질이 가득한 상품도 많이 생산된다. 만일 우리가 파이를 키워 공정하게 나눠먹는다 하더라도 이런 원재료로 파이를 만든다면 그것은 '파이의 원천' 차원에서 큰 문제다.

이렇듯 자본가와 노동자는 생산과 분배 부분에서 갈등을 빚을 수밖에 없다. 그렇다면 자본의 입장에서는 가능한 한 노동자들이 집단적으로 뭉쳐 있기보다는 개별적으로 나누어져 있는 편이 좋을 것이다. 노동자들이 개별적으로 임금이나 보너스를 더 받기 위해 서로 경쟁한다면 전체 노동자를 효과적으로 관리하고 지배할 수 있다. 반면, 노동자들이 집단적으로 똘똘 뭉쳐 "이런 저런 조건이 아니라면 우리는 어느 누구도 당신의 명령 아래 일을 하지 않을 것이다"라고 한다면, 그리하여 타협이 원만히 이뤄지지 않아 노동자들이 모두 일을 거부한다면 자본이나 경영자 입장에서는 대단히 곤란할 것이다. 그러니 자본의 입장에서는 노동자가 분열하고 경쟁하는 것이 좋고, 노동의 입장에서는 소통하고 연대하는 것이 자신들의 권익을 지키는 유력한 수단이다. 바로 이런 점을 이해한다면 우리는 왜 기업이나 경영자들이 노동조합과 같은 노동자의 단결을 한사코 꺼리는지, 왜 그렇게도 언론이나 기득권 세력이 노동문제를 '문제아' 바라보듯 삐딱하게 인식하고 있는지 잘 이해할 수 있다.

일류기업 삼성?

오늘날 초일류 기업으로 통하는 한국의 대표적 재벌의 하나인 삼성은 '무노조 신화'로 유명하다. 그 뿌리는 삼성의 창업주인 고 이병철 회장의 경영 철학에 있다. 그는 1961년 5·16쿠데타 직후에 일어난 제일모직 대구 공장에서의 파업에 충격을 받고서는 "내 눈에 흙이 들어가도 노조는 안 된다"는 말을 남겼다. 삼성은 스스로 '비노조 경영'이라는 말을 쓰면서, 자신들은 임금 수준도 높고 직원 복지도 잘 되어 있으며 노동조합이 아닌 노사협의제로 모든 문제를 풀고 있기 때문에 노조 없이도 좋은 경영이 가능하다고 말한다. 이병철 회장의 뒤를 이은 이건희 회장은 "자식과 마누라만 빼고 모두 바꾸라"고 했지만, 이런 비노조 경영 방침만큼은 바꾸지 않았다.

노동자들이 기업의 주인인 자주관리 기업에서조차 노동조합이 존재하고 여러 가지 문제거리에 대해 머리를 맞대고 의논을 하고 있다. 이렇게 대등한 입장에서 문제를 풀어가도 모자랄 판인데, 노동조합의 존재 이유마저 부정하는 이런 경영 방침은 대기업이나 재벌 중에서도 오직 삼성만이 독특하게 고수하고 있는 것이다. 심지어 삼성에는 노조와 관련해서는 단계별로 치밀하게 대처하는 매뉴얼까지 마련되어 있다.

삼성 계열 회사에서 누군가 노동조합의 필요성을 말하거나 조직 작업을 개시하면 초기 단계에서 바로 적발하여 해고하거나 회유한다. 그 단계를 지나 노조 설립 신고를 하게 되면 이미 해당 구청이나 시청 담당 부서를 매수한 상태이기 때문에 서류를 계류시키거나 반려하고서 공무원이 삼성에 연락하도록 한다. 그러면 이미 만들어놓은 유령 노조 설립신고서를 먼저 제출함으로써 진짜 노조는 설립되지 못한다. 그 단계도 지나서 진짜 노조가 설립되고 나면 위원장이나 간부들을 미행·감시하고 아니면 회유나 매수해서 격리시킨다. 이런저런 이유를 달아 해고시키기도 한다. 이런 식으로 치밀하게 공작하다 보니, 삼성에서 노조가 만들어지기도 어렵고 운 좋게 만들어져도 오래 가지 못한다.

그러나 제 아무리 악을 써도 밤이 가면 아침이 밝아 오듯이, 삼성조차 노조를 만들어 자신들의 권리를 찾으려는 노동자들의 의지를 영원히 누를 수는 없었다. 특히, 2011년 7월 1일부터 복수노조 제도가 실시되면서 삼성에도 변화의 바람이 불었다. 2011년 8월 21일, 르노삼성차에서 드디어 노동조합이 출범했다.(삼성자동차는 IMF 사태 이후 위기를 겪다가 2000년에 프랑스의 르노자동차로 넘어가 르노삼성자동차가 됐다. 그래서 엄격히 말하면 이 회사는 삼성의 것도 아니고 계열회사도 아니지만 삼성자동차 시절부터 일하던 사람들이 꽤 남아 있기 때문에 조직 분위기는 삼성을 많이 닮아 있다.) 그간 존재하던 '사원대표자협의회' 대신 노동자들의 자주적 조직이 탄생한 것이다. 그리하여 민주노총 소속의 금속노조 삼성차 지부가 탄생했다. 간부들이 말한 노조 설립의 이유는 이렇다. "최고로 힘든 게 노동 강도였다. 일을 마치고 집에 가면 녹초가 되어 아무 일도 할 수 없다. 애를 한번 안아줄 힘조차 없었다. 현장에 아픈 사람들이 수두룩하다. 아프다는 말을 현장에서 하지 못한다. 아프다는 말을 하면 '너만 아프나!' 그런다. 다 아픈데, 너만 아프다고 휴가를 줄 수 없다는 말이다."

그 직전에 삼성 에버랜드에서도 마침내 노조가 설립되었다. 삼성은 여전히 '비노조 경영' 원칙을 고수하고 있지만 속을 들여다보면 삼성생명, 삼성증권, 삼성정밀화학, 삼성화재, 삼성중

무노조 삼성에 첫 민주노조

에버랜드 직원4명 설립 신고서 제출

삼성그룹에 처음으로 '진짜 노조'가 설립됐다. '무노조 경영'을 표방해온 삼성그룹에는 사쪽의 영향 아래 있는 이른바 '친기업 노조'가 여럿 있지만, 지난 1일 복수노조 시행 이후 현장 노동자들이 이에 맞서 독자적으로 노조를 결성한 것은 이번이 처음이다. 과거 삼성생명서비스 등에서도 노동자들이 노조를 설립했으나 회사 쪽의 압박으로 와해된 바 있다.

삼성노동조합(위원장 박원우)은 13일 오전 서울 영등포구 양평동 고용노동부 서울남부지청에 노조설립 신고서를 냈다. 삼성에버랜드 직원 4명이 조합원으로 등록했고, 가입 대상은 삼성그룹 전체 노동자를 대상으로 했다. 현행 노동법은 이런 형태의 '초기업 노조' 설립도 허용하고 있다.

이들은 앞서 12일 서울 정동 전국민주노동조합총연맹(민주노총) 대회의실에서 설립 총회를 열고 박원우 노조위원장과 조장회 부위원장을 선출했다. 이 자리에서 박 위원장은 "3년 전부터 민주노조를 만들기로 뜻을 모아 준비했다"며 "조합원 권익을 보호하고 민주노조 사수를 위해 노력할 것"이라고 밝혔다.

앞으로 삼성노조는 사쪽에 교섭을 요청하는 등 조합원이 소속된 삼성에버랜드를 중심으로 활동을 벌일 전망이다. 상급단체는 최종 결정하지 않았지만 민주노총을 선택할 가능성이 높다. 하지만 복수노조가 시행되기 직전인 지난달 말 삼성에버랜드에서 회사 쪽과 가까운 것으로 알려진 노조가 설립돼, 앞으로 사쪽과의 교섭 과정에서 창구 단일화를 두고 진통이 예상된다. 사업장에 다수의 노조가 있을 경우 '노동조합 및 노동 관계조정법'에 따라 노조끼리 공동교섭단을 구성해 사쪽과 협상을 벌여야 한다.

고용노동부 서울남부지청은 신고사항을 검토한 뒤 이상이 없으면 오는 19일 신고필증을 교부하겠다고 밝혔다. 삼성그룹 내에는 현재 삼성생명, 삼성중공업, 삼성에버랜드 등 9개 회사에 노조가 설립돼 있으나 삼성증권을 제외한 8곳은 대부분 본격적으로 활동하고 있지 않다. 남종영 허재현 기자 fandg@hani.co.kr

삼성그룹 노동자 노조 설립 시도 일지 자료: 삼성일반노동조합, 전국금속노동조합

1988년 4월	삼성조선(현 삼성중공업) 노조 설립 시도, 어용 노조 설립과 용역업체 동원 논란 빚으며 무산
1999~2000년	삼성에스디아이(SDI) 노조 설립 시도, 사쪽이 포기각서 요구하면서 무산
2001년 8월	삼성캐피탈 노조 설립 시도, 지도부 회유 논란 벌어지면서 실패
2004년 8월	삼성전자·삼성에스디아이 노동자 6명 전국금속노동조합(금속노조) 가입했다가 탈퇴
2007년 8월, 12월	삼성전자·삼성에스디아이 노동자 10여명 금속노조 가입했다가 탈퇴
2008년 10월	삼성에스디아이 노동자 30여명 금속노조 가입했다가 탈퇴
2010년 11월	삼성전자 사내게시판에 노조 설립 필요성 주장한 박종태씨 해고됨
2011년 7월	삼성에버랜드 노동자 4명, 삼성노동조합 설립

공업, 에스원, 신라호텔, 에버랜드 등 8개 계열사에 이미 노조가 설립된 상태다.

요컨대, 이제는 더 이상 1970년대식의 노동탄압을 하면서 기업의 발전을 추구할 수 없다. 여러 장애물에도 불구하고 노동자의 개인적·집단적 권리 의식이나 행동 역량이 놀랄 만큼 증가했기 때문이다. 게다가 헌법 제33조에 보장된 노동3권(단결권, 교섭권, 행동권)은 그 누구도 막을 수 없는 국민의 기본 권리다. 오히려 그런 권리를 억압하는 것이 회사 경영에 부메랑이 되어 날아갈 수 있는 시대다. 따라서 이제는 노조탄압이 아니라 노사간 대등한 입장에서 상호 신뢰와 존중을 바탕으로 바람직

한 노사관계를 형성하는 것이 필요한 시기다.

노사 협력의 가능성과 한계

자본주의 기업에서 노사 협력은 노동자가 노동력을 제공하고 사용자는 일자리 및 임금을 제공하는 일종의 암묵적 계약 속에서 이뤄진다. 그렇게 양측이 협력해서 시장에 팔릴 상품을 생산하여 가능한 한 많이 팔아 수익을 얻어야 그 협력의 결실도 맺게 된다. 또 그 수익을 재투자하여 기업도 성장시키고 노동조건도 개선할 때 협력은 계속 이어지고 더욱 확대될 수 있다.

이런 면에서 노사 협력의 가능성은 다음과 같은 전제 위에서 성립된다. 첫째, 노동자는 노동력을, 기업은 일정한 노동조건을 상대방에게 성실하게 제공할 것이라는 신뢰 관계가 형성되어야 한다. 그러한 신뢰가 무너지면 노동자는 집단적으로 노동력 제공을 거부하는 파업에 돌입할 수도 있고, 기업은 노동자에게 일자리나 임금·복리후생 따위를 제공하지 않으려 할 것이다. 그래서 다른 모든 사회적 관계에서도 마찬가지겠지만, 노사 관계에서 신뢰란 모든 협력 관계 형성에 주춧돌이 된다.

둘째, 그러한 신뢰 관계의 형성을 위해서는 상대방을 존중해야 하고, 한 번 약속한 것은 성실히 지켜야 한다. 노동자는 기업 경영진을 존중하고 기업 경영진은 노동자나 노동조합을 존중해야 한다. 특히 노사간 대화나 협상 과정에서 기업 측이 노동자 측에 약속한 것은 무슨 일이 있더라도 일관성 있게 지키는 자세를 보여야 한다. 현실적 어려움이 있는 경우에는 성급하게 공허한 약속을 하기보다 정확한 자료나 정보를 노사간에 공유하면서 함께 극복하려 해야 한다. 처음엔 어려운 상황이더라도 경영진은 발전 전망과 비전을 제시하고 그 과정에서 노동자 측과 민주적 의사소통을 성실히 해야 한다. 열심히 노력한 결과가 엉뚱한 데로 가지 않고 열심히 노력한 사람들에게 다시 돌아온다면 당연히 신뢰 관계는 공고해질 것이다.

셋째, 위와 같이 신뢰 관계에 기초한 노사 협력이 지속 가능하려면 그 기업의 생산물이 사회적 필요에 걸맞아야 하고 그 생산물의 사회적 인기가 지속되어야 한다. 공해산업이나 건강에 해로운 물품을 만드는 산업, 퇴폐적인 산업이나 과잉 중복 투자가 심한 분야 등은 사회적 필요에 걸맞지 않아 오래갈 수 없다. 따라서 식의주 등 기초 생활은 물론이고, 삶의 질 향상에 필요한 물품이나 서비스를 적절히 생산할 때 노동자는 노동의 보람도 느끼면서 열심히 일을 할 것이고, 그 생산물은 사회적 인기를 누릴 수 있을 것이다. 그렇게 되면 당연히 노사간 협력 관계도 신바람 나는 분위기 속에 더욱 증진될 것이다.

그러나 불행히도, 우리의 현실은 앞서 말한 조건들과 다르게 가고 있다. 상호간 신뢰보다 불신이 더 깊은 것이 문제이며, 사회적 필요와 무관한 상품이라도 무조건 돈벌이만 되면 많이 만들어 팔자는 분위기가 팽배하다. 특히 일상적 노사 관계에서는 상호 존중보다 상호 비방이 심하며, 노동 측에 대한 적대감이 기업은 물론 언론과 일반 사회에 팽배하다. 더욱 근본적으로는 기업간 경쟁이 갈수록 '너 죽고 나 살자'는 식으로 진행되면서, 노사간 협력이 본질적인 한계에 부딪히고 있다. 왜냐하면, 사람과 자연을 극도로 희생시키면서 경쟁력을 확보하고자 하는 잘못된 생산방식이 가장 경쟁력이 높은 것으로 평가되고, 이런 기업들이 세계 경제를 주도하고 있기 때문이다. 따라서 마치 투기 자본의 운동을 제어하려는 국제적 움직임처럼, 무한 경쟁을 제어하는 세계적 움직임이 필요하다. 쿠바·볼리비아·베네수엘라 등 남미 여러 나라 사이의 '민중 무역'은 경쟁보다 협력을 우선시하는 모범 사례라 할 수 있다.

사회적 대타협은 가능한가

세계적 협력 관계의 증진 외에, 노사간 협력을 증진하는 또 다른 방식은 노·사·정 사이의 협약을 맺어 상호 신뢰의 조건을 만드는 것이다. 예를 들어, 1920년대에 노사 갈등으로 격심한 혼란을 경험한 스웨덴은 1938년의 살츠요바덴 협약Saltsjobaden Agreement•을 계기로 노·사·정 사이의 조정과 협력을 통한 상호 발전을 추구해왔다. 당시의 노사 합의 정신이 오늘날에도 유지되어 실업률도 여타 유럽 나라들보다 낮다. 또한, 영국의 지배를 900년이나 받았던 작은 나라 아일랜드는 1990년대 이후 경제사회 발전을 위한 프로그램이나 경쟁력과 일자리를 위한 프로그램 등 순차적인 사회연대협약을 맺어 계속 진행중이다. 네덜란드의 경우 1982년의 바세나르 협약으로 노동유연성과 노동안정성을 동시에 추구하는 사회적 협약을 이루어내 세계적인 주목을 받기도 했다. 독일의 경우, 1990년의 통일 이후 고실업 상황이 악화하자 1990년대 말에 이르러 '일자리를 위한 연대'라는 사회적 협약을 체결했다. 사실, 독일은 1920년대 이래 노동자평의회 운동의 결과물로 노사간 공동결정 제도가 법제화돼서 노동조합이 사용자나 정부와 대등한 입장에서 논의와 합의를 추진하는 전통을 갖고 있다. 이런 전통은 통일로 인한 여러 어려움과 고실업 상황에도 불구하고 비교적 사회경제적 상황을 안정적으로 유지하는 데 큰 도움이 되었다. 호주 역시 1985년과 1992년에 정부와 노동계의 대타협으로 경제 위기를 극복하고자 했다. 특히 1992년의 합의는 이후 3년 동안 50만 개의 새 일자리를 만들고 물가를 안정시키는 데 상당한 기여를 한 것으로 평가되기도 한다.

이러한 노·사·정 사이의 사회적 합의 모델은 한국에서도 1997년의 경제 위기 이후 김대중 정부에서 적극 추진되어 '노사정 위원회'라는 형식으로 제도화했다. 하지만 이 기구는 노동유연화를 도입하기 위한 사회적 예방 장치라는 비판이 나올 정도로, 노동의 안정성 추구는 신경 쓰지 않은 채 노동의 일방적 양보만 강조한 감이 없지 않았다. 그래서 한국노총은 여기에 참여했지만 민주노총은 참여를 거부했다. 2004년 2월의 '일자리 만들기 사회협약' 역시 그러한 한계를 안고 있다. 즉, 실업난 해소를 위해 규제완화-임금안정-고용안정을 축으로 노·사·정이 전격 합의를 이루었지만, 이 역시 민주노총이 빠진 상태에서 나온 합의라 실효성을 거두긴 어려웠다.

게다가 유럽식 사회합의 모델은 고성장 시기의 특수한 모델이 아니냐는 비판도 가능하다. 아일랜드 같은 경우, 2009년 2월에 정부가 공무원에 대한 연금 지급 기준을 강화하고 공무원 임금을 동결하려 하자 파트너 사이의 신뢰가 깨짐으로써 사회합의가 흔들리기 시작했다. 정부의 재정적자 문제가 심각한 상태에서는 노·사·정 모두가 만족할 수 있는 여지는 줄어들기 때문이다. 2008년 이후 세계적 금융 위기가 각 사회를 강타하자 노·사·정 사이에 맺어진 사회적 합의를 그대로 실행하기 어려워진 것도 같은 이유에서다.

이는 결국, 사회적 합의 모델이란 것도 세계시장에서의 경쟁 격화나 재정적자의 만성화, 노·사·정 사이의 신뢰 붕괴 등 다양한 요인에 의해 얼마든지 무너질 위험이 있다는 것을 암시한다. 잘 운영되면 자본과 노동이 사회적 위기를 공동으로 관리할 수도 있지만, 잘못하면 경쟁과 이윤을 핵심으로 하는 자본 축적에 가담하게 될 소지가 큰 셈이다. 그런 뜻에서 사회적 합의가 진정으로 지속 가능하려면 궁극적으로는 자본주의 이윤 체제나 경쟁 체제를 넘어가야 한다는 주장이 설득력을 얻기도 한다.

노동을 보는 눈
9

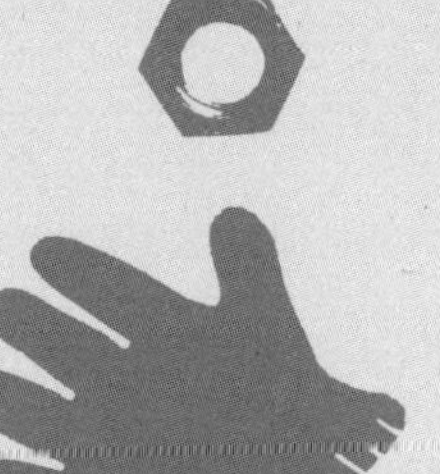

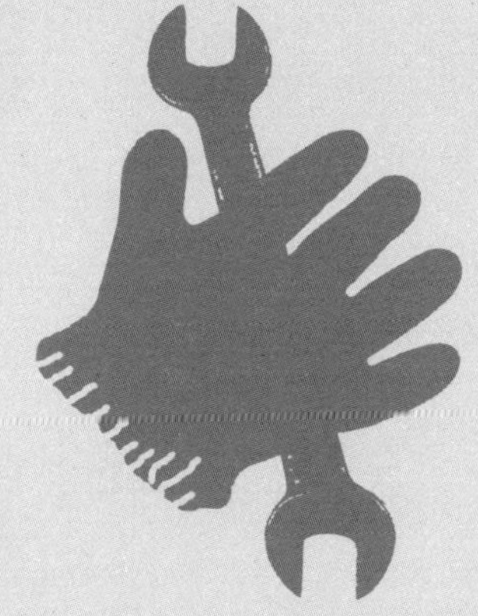

도대체 파업은
왜 하는 걸까?

—

시민권과
노동권의 대립

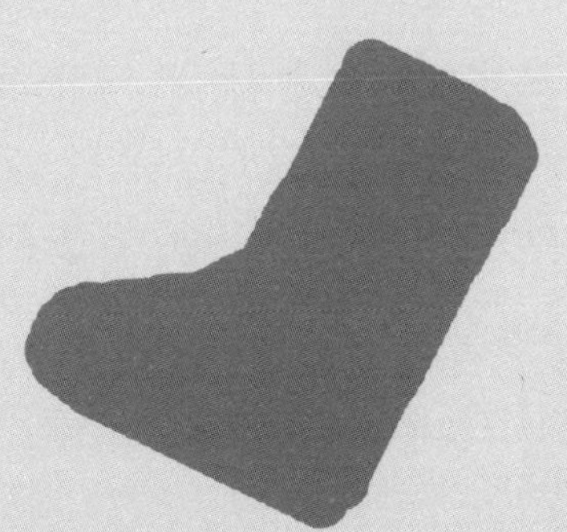

파업은 나쁜 것일까?

'출산 파업'이란 말이 있다. 여성들이 아기 낳기를 거부하는 최근의 풍조를 일컫는 말이다. 아이를 낳아도 키울 수 있는 여건이 안 되기 때문에 출산을 거부하는 것이다. 나아가 아이 양육과 관련해 아이들을 마음 편히 돌봐줄 사회적 제도가 충분하지 못해 부모, 특히 엄마가 자유로운 활동(직장 생활 포함)을 하기 어렵다. 거기다 사회적으로 여성에 대한 차별도 많고 육아 및 교육비도 만만찮다. 이 모든 요인들이 여성들로 하여금 출산 파업을 하게 한다.

그렇다면 원래 파업이란 무엇인가? 원래 파업이란 말 그대로, 회사나 공장에서 일을 하는 노동자들이 관리자의 지시대로 일을 하기를 일거에 거부하는 것이다. 노동자들이 집단적으로 노동을 거부하는 것이 곧 파업이다. 그러면 일을 해서 돈을 버는 것이 목적인 노동자들이 왜 일을 거부하게 될까? 일을 거부한다면 '무노동 무임금' 원칙에 따라 아무런 돈도 받을 수 없는데 말이다. 그것은 주어진 근로조건으로는 더 이상 묵묵히 노동력을 제공할 수 없다는 집단적 판단 때문이다. 여기서 말하는 주어진 조건이란 대개 임금 수준·노동시간·고용안정·복지혜택·각종 차별·작업환경·감독자의 권위주의·억압적 조직 분위기 등인데, 더 이상 참을 수 없는 지경까지 조건이 나빠진다면 문제가 된다. 지금까지 가장 많이 등장한 파업 원인은 장시간 노동과 저임금 문제, 그리고 정리해고나 비정규직으로 상징되는 고용 불안이다. 1886년에 미국에서 '8시간 노동제'를 요구하는 파업이 벌어진 것이나 1970년 11월에 청년 전태일이 "근로기준법을 준수하라!"며 분신 항거를 한 것, 2010년 이후 유성기업이나 현대자동차 등에서 이미 약속된 '주간 2교대제*'의 즉각 실시를 요구하며 파업을 감행한 것은 저임금과 장시간 노동이 인간다운 삶을 방해했기 때문이다. 그리고 1998년에 현대자동차에서 수천 명의 노동자와 가족들이 몇 달 동안 파업을 한 것이나 2009년 쌍용자동차 해고 노동자들의 77일 결사 파업, 2011년 한진중공업 영도조선소에서 정리해고에 저항하며 309일간 이어진 김진숙의 고공 농성과 이를 응원하는 희망버스 운동 등은 모두 정리해고 문제에 저항하는 파업이었다.

이렇듯 노동자들이 임금을 받지 못할 것을 알면서도 파업을

주간 2교대제
심야 근로 없이 2개 작업조가 8시간씩 연속으로 교대 조업하는 근무 방식. 예를 들어 오전조가 오전 7시부터 오후 4시까지, 오후조가 오후 4시부터 12시까지 각각 8시간(식사시간 포함)씩 근무하는 방식이다. 한국의 대표적 자동차 기업인 현대자동차는 45년간 주야간 2교대 방식(12시간씩 돌아가며 근무)을 유지하며 밤샘 근무와 장시간 노동을 강제해왔다. 주간 2교대제 원칙은 2005년에 합의됐지만 노동시간 단축에 따른 생산량 저하와 임금 보전 문제를 두고 줄다리기가 이어진 끝에 2013년부터 시행될 예정이다.

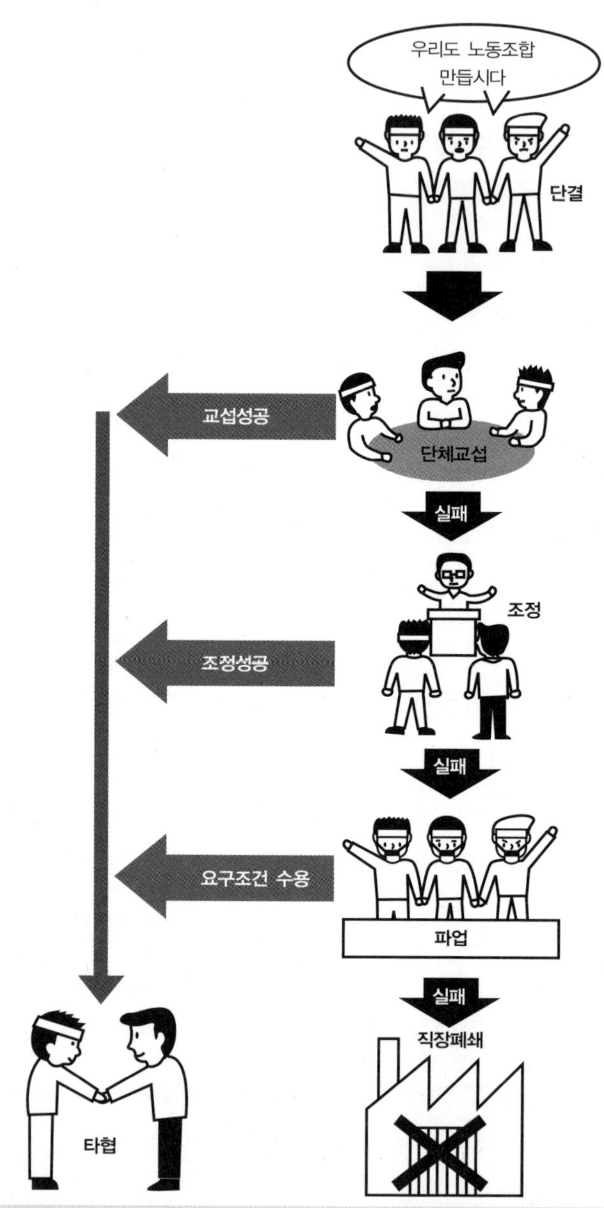
〈파업은 어떻게 이루어 지나〉
우리도 노동조합 만듭시다
단결
교섭성공
단체교섭
실패
조정성공
조정
실패
요구조건 수용
파업
실패
직장폐쇄
타협

하는 것은 더 이상 참지 못하겠다는 절박함 때문이다. 다시 말해 노동자의 파업은 일종의 최후 수단이다. 노동법에서도 파업 등의 집단행동권을 최후의 수단으로서만 인정하는 것도, 노동자들이 경험하는 노동 현실이 다소 불만스럽더라도 가능하면 노사간 대화와 협상, 또는 조정을 통해 원만히 해결을 모색하라는 뜻에서다. 제도적으로도 노동자의 단결권은 물론 단체교섭권이 보장되어 있다. 단체교섭 과정에 노사는 모두 신의와 성실로 임해야 한다. 그렇게 노사 대표가 근로조건에 관해 성실히 협상을 했음에도 도무지 양측의 주장과 요구가 타협점을 찾지 못해 더 이상 새로운 합의 달성이 어려운 경우, 이를 '노동쟁의'가 발생했다고 한다. 그러나 노동쟁의 상태에 이르렀다고 해서 바로 파업 등의 절차에 돌입할 수는 없다. 그것은 '조정 전치주의' 규정이 있어서 조정 절차를 먼저 거쳐야 하기 때문이다. 일반 사업장에서는 10일간, 공공 사업장에서는 15일간 조정 절차를 거친다. 그것은 노사가 자율적으로 새로운 단체협약을 체결하지 못하는 경우 제3자 내지 공익 차원의 개입을 통해 상호 절충을 해보라는 의미이다. 그러나 노사 중 어느 하나라도 이 조정안에 만족할 수 없다면 더 이상 해법은 없다. 그러면 노동자는 파업 절차에 돌입하게 된다.(물론 노사가 모두 원해 중재를 신청하면 15일간 파업은 중지되며 노동위원회가 중재재정을 통해 종식시킬 수 있다.) 공식 노동조합의 파업 찬반 투표에서 과반수가 찬성을 하면 합법적인 파업을 할 수 있다. 어떠한 파업도 파괴나 폭력을 허용하지는 않는다. 이 합법 파업에 대해서는 사용자 측도 민사상 배상 또는 형사상 처벌을 요구할 수 없다.

한편 사용자 측에서는 이 파업을 맞아 새로운 타협안을 제시함으로써 파업을 조기에 종료시키거나 아니면 파업에 맞서 강경하게 직장폐쇄lock-out를 함으로써 비타협적으로 나올 수 있다. 아예 회사 문을 닫아버리는 것이다. 원래 노동자의 파업은 사용자 측이 노동자의 요구를 수용하도록 압력을 가하려고 하는 것이다. 그러나 사용자가 직장폐쇄를 해버린다면 사태는 더욱 꼬인다. 상호 불신이 깊어지고 폭력이나 파괴가 발생하기 쉽다. 사태가 잘 풀리지 않고 길어지는 경우, 이 부분에서 정부 내지 국가의 개입이 나올 수 있다. 만일 그 개입이 사용자 편향적이지 않으려면 그 정부는 대단히 민주적이어야 한다. 그러나 한국의 현실은 반대다. 2012년 가을엔 '창조컨설팅'이라는 노사관계 자문회사가 노동부 인가 취소를 당했는데, 이 회사는 그동안 발레오전장·유성기업·연세대 의료원·영남대 의료원 등 여러 기업에서 노조 파괴나 민주노총 탈퇴, 폭력적 용역 투입 등을 체계적으로 도운 것으로 나타났다. 그러나 노동부나 국정원 등 국가 기관들조차 창조컨설팅과 모종의 협력을 해왔다는 의혹이 짙었다.

그리고 공익 사업장의 파업이 "공중의 일상생활을 현저히 위태롭게" 하거나 "국민 경제를 현저히 저해"하며 "그 업무의 대체가 용이하지 않은" 경우, 즉 '필수공익사업'인 경우(철도·도시철도·항공운수·수도·전기·가스·석유·병원·한국은행·통신 등)에는 노동부장관이 중앙노동위원회 위원장과 협의한 뒤 긴급조정 절차를 강제할 수 있다. 이렇게 되면 30일 동안 파업이 금지된다. 게다가 필수공익사업의 경우 중에서도 특히 그 업무의 정지가 "공중의 생명·건강"이나 "신체 안전" 또는 "공중의 일상생활"을 "현저히 위태롭게" 하는 경우를 '필수유지업무'라 하여 이 분야에서는 파업이 처음부터 금지된다. 이런 단서 조항이 많아질수록 노동자의 집단행동권은 상당한 제약을 받게 되며, 형식적으로는 권리가 있지만 실질적으로는 무권리 상태가 되기 쉽다. 게다가 노동자나 노동조합의 집단행동이 그 모든 합법적 절차를 제대로 지키지 않거나 "회사 업무의 정상적인 수행을 방해"하는 경우, 또는 폭력이나 파괴 행위를 동반하는 경우, 불법으로 규정되어 처벌을 감수해야 한다.

이런 식으로 노동자의 파업은 그 동기나 절차, 방법과 분야

9장 도대체 파업은
왜 하는 걸까?

등에서 상당히 많은 제약을 받는다. 이것은 파업과 같은 쟁의
행위가 한편으로는 노동자의 권익 향상에 도움이 되도록 하는
'노동권 보호'의 차원을 가지면서도, 다른 편으로는 그 노동권
의 행사가 기업의 경영권 내지 자본주의 시스템 자체는 공격하
지 못하게 가로막는 '시스템 보호'의 차원을 갖기도 하는 양면
성을 띠고 있음을 의미한다. 따라서 노동법이 규정한 테두리 안
에서 노동문제를 푸는 것은 일정한 한계를 가질 수밖에 없다.
물론, 노동법 이전에 노사 양측이 신뢰 속에서 문제를 원만하게
풀어나가는 것이 최선일 것이다.

'붉은 띠'만 봐도 불안한 이유는?

헌법 제33조에는 노동자의 단결권, 단체교섭권, 단체행동권
등 노동3권이 보장되어 있다. 게다가 노동법의 하나인 '노동조
합및노동관계조정법'에도 그러한 노동3권을 구체화하여 법적인
보장을 자세히 하고 있다. 일반적인 노사관계의 상식으로도 사
용자 내지 기업 측은 노동조합을 인정하고 상호 대등한 입장에
서 대화와 타협을 통해 상호 갈등을 원만히 해결해나가야 한다.
그럼에도 불구하고 각종 언론이나 일반 사회에서는 노동조
합을 가능하면 없어야 할 존재, 또는 무언가 '정치적인' 의도를
갖고 있는 존재, 나아가 만날 붉은 띠를 두르고 파업이나 하는

존재로 비친다. 과연 우리는 노조나 파업에 대해 왜 이런 생각을 하게 되었을까?

우리는 이를 정치적 측면과 사회심리적 측면으로 나누어 살필 수 있다. 우선, 정치적으로는 기업과 권력의 입장에서 볼 때 노동조합은 일종의 야당 세력 또는 재야 세력으로 간주된다. 중요한 의사결정 과정에 노조가 개입하게 되면 시간과 돈이 더 많이 들고 원하던 대로 되지 않는 경우도 많다. 따라서 기업과 권력은 노조를 가능한 한 배제하고자 한다. 혹 처음부터 배제하기 어렵다면 형식적으로는 인정하되 가능한 한 회사 편을 들도록 만들려고 노력한다. 이것이 '어용 노조'의 기원이기도 하다. 또한 한국 전쟁을 거치면서 사람들이 갖게 된 '레드 콤플렉스Red complex●' 등이 본질적으로 자본주의에 비판적일 수밖에 없는 노동조합 운동을 '삐딱하게' 보게 된 배경이라 할 수 있다.

사회심리적으로는 사람들이 기업이나 경제의 효율성을 높이는 데 노조가 방해된다고 인식하는 것, 즉 편견과 선입견이 큰 문제다. 물론, 단기적으로는 노조가 생산성에 방해 요인이라 볼 수도 있다. 하지만 노조는 인간다운 노동조건을 위해 싸우기 때문에 만일 인간다운 노동조건이 보장되면 노동자와 노조는 회사에 적극 협력하는 경향이 있다. 이렇게 중장기적으로 상황을 보게 되면 노조가 반드시 회사가 원하는 바와는 반대로 가는 방해 세력이라 보기 어렵다. 그래서 편견이나 선입견을 극복하는 것이 중요하다. 우리나라에서는 부모가 자녀를, 교사가

레드 콤플렉스
극단적 반공주의로 인해 나타나는 공포·과민반응, 이에 근거한 폭력 행위까지 용인하는 사회 분위기를 일컫는 말. 공산주의의 상징인 붉은색에 대한 공포에서 비롯됐다. 한국의 경우 6·25전쟁 이후 남북이 반세기 이상 적대관계를 이어오고, 또 정치권력이 이를 체제안정과 정적탄압에 이용하면서 레드 콤플렉스가 일반인의 내면에까지 깊숙하게 자리 잡았다.

학생을 가르칠 때에도 뭔가 잘못된 현실에 대해 정면으로 맞서서 그것을 바꾸려고 적극 노력하기보다는 가능한 한 현실에 적응하기를 강조한다. 괜스레 나서서 처벌이나 피해를 받지 말라고 말하면서 말이다. 일종의 피해의식이 사회적으로 전승되는 셈이다. 특히 언론이나 사회적 분위기가 노동자 파업 같은 것은 경제 발전이나 사회 발전에 해로운 것이라고 이데올로기 교육을 시키는 경향이 있다. 참된 언론이라면, 또 정의가 살아 있는 사회라면, '왜 노동자들이 파업까지 하고 나서게 되었을까' 하는 차원에서 그 배경이나 속사정을 차분히 알아보려고 해야 한다. 그러나 실제로는 노동조합이나 파업을 삐딱하게 바라보는 시선이 주류를 형성하고 나아가 이를 온 사회로 퍼뜨린다. 그것은 한편으로, 노조나 파업이 '경제성장' 또는 '경제 발전'에 방해가 된다는 사회적 편견, 그리고 다른 편에서는 '붉은 띠'를 두르고 투쟁하는 노동운동의 이미지에 의해 각인된 내면의 두려움이 작동한 결과라 할 수 있다. 물론 이런 태도의 기저에는 자본은 노동을 분열시키고 경쟁을 시킴으로써 효과적으로 지배할 때 원활한 이윤 추구가 가능하다는 원리가 깔려 있다. 거꾸로 말하자면, 노동 진영이 소통하고 연대를 할수록 자본에게는 불리하다는 점, 즉 노동과 자본 사이에 타협 불가능한 적대관계가 있음을 시사하기도 한다.

따라서 노조나 파업을 정당한 노동자의 권리로 인식하고 노사간 대등한 교섭과 합의를 존중하는 문화를 만들어나가기 위해서는 그러한 사회적 편견이나 선입견, 그리고 사람들이 갖고 있는 내면의 두려움을 극복해야 한다. 그것은 어릴 때부터의 건전한 인권교육, 민주시민교육 등이 필수적임을 시사한다. 나아가 가정·학교·직장·사회 등 삶의 모든 영역에서 평등하고 민주적인 토론과 합의를 이루어내는 풍토를 조성할 때 비로소 가능할 것이다. 물론, 자본과 노동 사이에 존재하는 근본적인 적대관계는 결국 자본의 무한 이윤 추구를 근본 동력으로 하는 사회경제 시스템 자체가 바뀌지 않는 한 전면적으로 극복되기는 어렵다. 따라서 장기적인 차원에서는 그런 문제의식을 가져야 하지만, 단기적으로는 노동자와 노동에 대한 건강한 시각과 민주적인 교육이 중요할 것이다.

일례로, 노사관계 관련 학습을 착실히 한 학생은 자신의 사고의 변화에 대해 이런 글을 쓰기도 했다. "노사관계에 관한 공부를 제대로 하기 전에는 노동자 파업 이야기만 나와도 '또 난리를 치는구먼' 정도로만 생각했습니다. 그러나 공부를 하고 보니 평소에 제가 얼마나 어리석은 생각을 하고 있었는지 알게 되었습니다. 기존에 제가 가졌던 생각은 진정한 저의 생각이 아니라 언론이나 기득권층이 제게 심어준 것에 불과했습니다. 이제는 뉴스 같은 데서 노동자 파업 같은 내용이 나오면 '왜 저들은 투쟁할 수밖에 없는가?' '도대체 무엇이 노사간 갈등을 불러 일으켰는가?' 등의 질문을 던지고 사태를 차근차근 관심 있게 보게 됩니다."

한국에서 파업은 모두 불법?

　노동자의 파업이 일어나면 많은 경우 정부는 '불법 파업'이라 규정한다. 특히, 철도·지하철·발전·병원 등 공공부문의 경우는 '필수공익사업' 또는 '필수유지업무'라는 법적인 제약이 있기 때문에 그렇기는 하다. 그렇다고 해서 모든 공공부문 또는 모든 필수공익사업의 파업이 자동으로 불법인 것은 아니다. 그런데 대부분의 언론은 파업이 발생하는 원인을 제대로 따지지 않고 그대로 "불법 파업"이라고 옮긴다. 그러면 신문이나 방송을 보는 일반 시민들은 아무 근거도 모른 채 "또 불법 파업이구나"라는 인식을 갖게 된다. 그렇게 해서 노동자들과 일반 시민이 소통하거나 연대하지 못하고 서로 적대하게 된다.

　게다가 노동자들이 파업에서 요구하는 내용이 단체교섭 대상의 범위, 즉 "임금, 복지, 근로시간, 해고 등 근로조건에 관한 사항"을 벗어나는 경우 정부나 언론은 모든 파업을 "불법"으로 규정하는데, 그 해석이 너무나 편협하다. 예를 들면, 노동자들이 동료 노동자 수백수천 명이 해고돼서 고용불안이 심해지자 정리해고제가 문제가 많다며 그 철폐를 요구하는 파업을 벌였다고 하자. 그리고 그것을 위해 노동법 개정을 요구한다고 하자. 과연 이 파업은 근로조건에 관한 사항일까, 아니면 그와 완전 무관한 사항일까? 정부나 기업, 언론은 이런 파업을 거의 다 불법 파업이라고 규정한다. 이런 식으로 한국에서는 노동자의 파업을 규제하기 위해 합법 파업의 범위를 지나치게 좁게 잡고 있다.

특히, 정부나 기업은 "인사권이나 경영권은 기업의 권리이지 노동자가 개입할 사안이 아니다"라고 강조한다. 고용이나 경영 방침에 개입하는 파업은 불법이라는 주장이다. 이 부분에 대한 반론은 두 가지가 있다. 하나는 노동문제 전문가인 하종강 선생의 말대로, 노동자의 파업권은 헌법과 노동법이 보장하는 법률적 개념인 반면, 사용자의 인사권과 경영권은 사회 통념이지 법률적 개념이 아니라는 것이다. 즉, 파업권이 더 우선이라는 것이다. 둘째로, 과거에 독일 기업가들이 노동자의 경영참여를 강제한 '공동결성법'이 위헌이라며 제소한 건에 대해 독일 헌법재판소가 기업의 소유권과 공동결정권은 상호 배치되지 않는다는 판결을 내린 적이 있다. 즉 소유권은 자본주에게 속하지만 경영에 관한 내용은 사회적 차원을 포괄하고 있기 때문에 공동결정이 소유권을 침해하는 것은 아니란 이야기이다. 요컨대, 노동자의 파업권은 사회적 약자를 보호하기 위한 것이기에 노동자의 경제적·사회적 상황에 중요한 영항을 미치는 기업 경영상의 여러 이슈들과 관련해 제기될 수 있다. 실제로도 우리나라 법원 판결에 "기업의 인사권이나 경영권에 관한 사항들 중에서 근로조건에 영항을 미치는 사항은 노동조합과의 교섭대상이다"는 내용이 거듭 나온 바 있다.

끝으로, 노동자의 파업이 진짜 '불법'으로 치닫는 경우가 있다. 예를 들면 폭력 행위나 파괴 행위를 동반하는 파업이 그것이다.

당연히 잘못된 일이다. 그러나 여기서도 왜 그런 지경까지 가게 되었는지를 살펴볼 필요가 있다. 현실에서는 노동자나 노조가 신의와 성실에 기초한 노사간 대화와 협상을 여러 차례 요구하고 진지한 대안 모색을 촉구했음에도 기업 측이 아무런 반응을 보이지 않거나 오히려 교섭을 거부하는 경우가 많기 때문이다. 게다가 기업과 정부가 협력하여 노동조합이 불법적인 행동을 저지르게끔 유도하는 경우도 많다. 경찰 병력으로 파업 현장을 에워싸게 하여 공포 분위기를 조성한다든지, 성실한 협상은 외면한 채 일방적 항복만을 요구하면서 경찰을 투입한다든지 하는 것이다. 그런 상황에서 파업 중인 노동자는 마지막으로 '자기 방어' 차원에서 폭력을 쓰기도 한다. 그러나 정부나 보수언론은 이런 점을 무시한 채 폭력을 저질렀다는 결과만 강조하여 국민들에게 노조에 대한 부정적인 이미지를 강화하기 일쑤다.

결국, 우리나라에서 '불법 파업'이 유독 많은 것은 우리나라 노조가 특별히 불법적이고 폭력적이어서 그런 것이 아니다. 오히려 너무 많은 경우에 파업을 불법으로 규정하는 편향적인 제도와 노동자의 집단행동 자체를 나쁘게 보는 왜곡된 노동관 때문이라고 보는 것이 타당할 것이다. 물론 이런 설명이 파업에서 벌어지는 모든 불법적 행위들을 정당화하는 것은 아니다. 그러한 불법 파업이 발생하지 않도록 사회적 분위기나 조건이 변해야 하고 기업 경영을 제대로 혁신해야 한다. 노동자의 파업을 새롭게 바라보는 것, 그것이 새로운 사회경제 패러다임을 열어

가는 데 중요한 계기가 될 것이다.

시민권과 노동권이 대립하면?

철도나 전기와 같은 공공부문이 파업을 하면 정부나 언론은 "시민의 발목/목숨을 잡은 파업"이라는 식의 표현을 잘 쓴다. 곧 이어 나오는 표현이 "시민을 볼모로 잡고 노조의 이익을 관철하려는 집단 이기주의"라는 것이다. 이렇게 되면 이른바 '시민권'과 '노동권'이 대립되는 형국이다. 반면에 고수익 전문가들인 의사가 파업을 하거나 약사가 파업을 하는 경우, 또는 국회의원들이 사실상 파업을 해서 입법 활동을 하지 않는 경우엔 태도가 완전히 달라진다. 사태의 원인을 진단하고 당사자들의 의견을 집중적으로 듣거나 시사 토론을 열어 합리적인 해결책을 모색하기도 한다.

이러한 이중성은 어디서 비롯되는가? 그리고 이를 극복하려면 어떻게 해야 할까? 우선, 우리의 이중적인 태도가 과연 어디서 비롯되는지 살펴보자. 이것은 일차적으로 우리 사회에 만연한 선입견, 즉 전문직 또는 정치가들은 '높은' 사람들이고 (민간 부문이든 공공부문이든) 노동자들은 '낮은' 사람들이라는 위계적 사고방식 탓이다. 낮은 곳에 있는 사람들은 하인처럼 복종하고 충성해야지 무슨 반항을 하느냐는 식이다. 다음으로, 공공부문의 경우 평소에 사람들이 품고 있던 공무원이나 공공기관에 대한 불신과 불만이 파업 같은 사태를 계기로 한꺼번에 폭발해서 그런 반응이 나온다고 볼 수 있다. 사실은 그 화살이 공무원 조직의 문제점이나 시스템의 문제점으로 향해야 함에도, '감히' 그렇게 할 엄두도 못 내기 때문에 '만만한' 공공부문 노동자들에게 화살이 날아가는 것이다. 게다가 앞서도 말한 '레드 콤플렉스'가 늘 일상 의식 속에 깃들어 있다는 점도 지적할 수 있다. 파업 노동자가 든 붉은 깃발과 머리에 두른 붉은 띠만 텔레비전에 비쳐도 '섬뜩한' 느낌이 든다고 하는 사람들이 많다. 전쟁 경험으로 인한 상흔(트라우마)의 탓이기도 하고 기득권의 이해관계를 대변하는 보수적인 교육의 탓이기도 하다.

이 이중성을 극복하기 위해서는 앞서 지적된 문제점들을 뿌리부터 해결해야 한다. 우리는 독일이나 프랑스 같은 사회에서 노동자 파업이 일어났을 때 사람들이 다소 불편함을 느끼더라도 "그것은 당연한 노동자의 권리" 또는 "사실 모든 시민이 결국 노동자"라는 생각으로 기꺼이 참고 이해한다는 것을 생각할 필요가 있다. 경우에 따라서는 노동자의 요구나 소망이 무엇인지 귀를 기울이고 박수를 치기도 한다. 한국과는 완전 딴판이다. 그 정도로 선진국, 특히 유럽 사회에서는 시민권과 노동권의 이중성이 잘 극복된 모습을 볼 수 있다. 이것은 하종강 선생의 말처럼 "독일은 중등 사회 교과서에서 4분의 1 정도, 프랑스는 고1 사회 교과서에서 3분의 1 정도가 노동문제를 다룬다"는 사실과 연관된다. 일찍부터 노동 교육을 한 결과다. 사실, 따지고 보면 대부분의 학생들은 커서 노동자가 될 것이며 극히 일부만 경영자나 관리자로 살아갈 것이다. 게다가 사람들은 20대부터 60대까지 인생의 핵심 기간 대부분을 노동관계 속에서 살아야 한다. 노동자든 경영자든 노동법을 잘 알고 잘 지키려고 하는 태도를 일찍부터 학습할 필요가 있다. 모든 학생들이 어릴 때부터 기본적인 노동법이나 노동의 사회적 의미와 노동의 역사적 성격 등을 학습해야 하고, 법적인 테두리 안에서 이뤄지는 노동자의 개인적·집단적 권리 행사를 노동자의 당연한 시민권으로 수용해야 한다.

또한 사회적으로는 노동문제나 노동진영을 불편한 시각으로 볼 것이 아니라 우리 삶의 주요한 일부로 인정하고 문제해결을 위해 개방적인 토론을 활성화해야 한다. 그와 동시에 학교나 기업, 지역이나 나라 수준에서 노사간의 공동결정 풍토, 상호존중과 신뢰의 풍토를 만들어나가야 한다. 독일이나 프랑스, 스웨덴이나 노르웨이, 핀란드 같은 선진국들이 선진국다운 것도 바로 이런 풍토 때문이다. 그런 풍토가 제도적으로 뒷받침되고 우리의 의식과 역량이 함께 발전할 때 비로소 노동에 대한 이중성은 극복되고 우리 사회는 보다 건강해질 것이다.

노동을 보는 눈
10

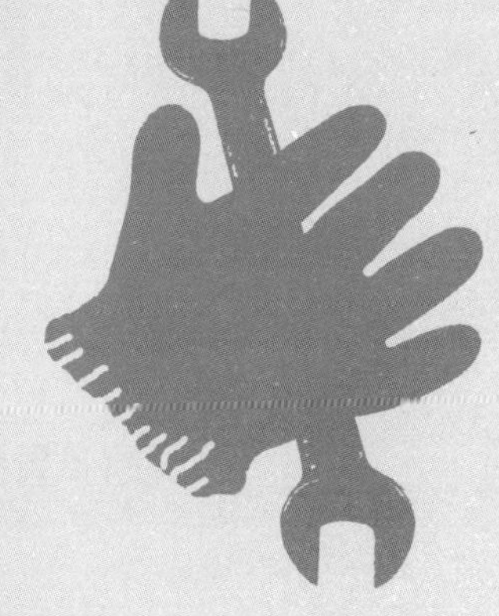

노동자가
귀족이라고?

—

노동조합은
왜 필요한가

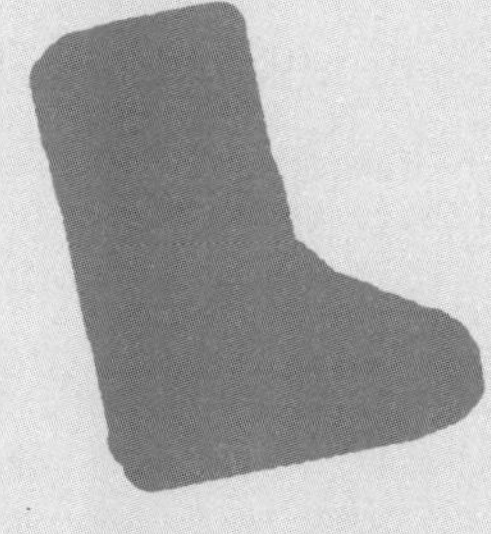

노동조합은 왜 출현했을까?

원래 귀족이란 중세 봉건사회에서 신분이나 가문을 내세우며 특권을 누리던 사람들을 말한다. 조선시대에도 왕족이나 양반 귀족들이 존재했다. 오늘날 자본주의 시대엔 전통적인 가문이나 신분에 근거해서 특권을 누리는 계층은 없지만 돈이나 지위에 근거해 귀족 같은 특권을 누리는 사람들이 있다. 비근한 예로, 2012년 가을 국정감사에서 한국은행 직원들이 귀족적 특권을 누리고 있음이 밝혀진 적 있다. 한국은행 4급 직원 오모 씨는 2009년 5월부터 2011년 10월까지 프랑스 '파리7대학교'에 유학하는 동안 등록금과 체재비 명목으로 한국은행으로부터 5400만 원을 무이자로 지원받은 것 외에, 매년 1억 원씩 유학기간 동안 2억 원이 넘는 돈을 그냥 지급받았다. 이런 식으로 오늘날에도 귀족적 특권을 누리는 사람들은 곳곳에 있다. 그렇다면 일반 노동자들은 어떤가? 그리고 노동조합은 어떤가?

흔히 노동조합을 투쟁 집단 또는 문제아 집단 정도로 인식하는 경향이 있다. 앞서도 살핀바, 이러한 인식은 돈과 권력을 가진 기득권 집단이 자신의 기득권을 보호하기 위해 교육과 언론을 통해 온 국민의 정신 속에 주입한 것이다. 또한, 이것은 일반 시민들이 그러한 기득권 집단의 관점과 논리를 '강자 동일시' 심리 구조에 의해 스스로 내면화한 결과이기도 하다.

그렇다면 노동조합의 기원과 본질은 무엇인가? 노동조합은 본래 일하는 사람들이 인간다운 노동조건이나 생활조건을 획득하기 위해 스스로 단결한 것이다. 다시 말해 노동력을 팔아 먹고사는 사람들끼리 힘을 합쳐 더 이상 '제살 깎아먹기' 경쟁을 하지 않겠다는 공동의 의지를 드러낸 결과물이 바로 노동조합이다. 사실, 생산수단이 없는 사람들이 노동시장에 나가 자신의 노동력 상품을 서로 경쟁적으로 팔기 시작하면 마치 '경매'를 하듯 사람들은 주어진 일자리를 놓고 서로 더 낮은 가격을 제시한다. 그렇게 되면 사람들은 점점 자신의 노동력을 헐값에 팔다가 마침내 겨우 먹고살 수 있는 노예 비슷한 수준으로 떨어진다. 신자유주의 세계화 과정은 이러한 노동력 경매 현상이 범지구적 차원에서 벌어지는 것이다. 이것을 '바닥을 향한 경주race to the bottom'라고 말하기도 한다. 범지구적 무한 경쟁 속에서 사람의 인간성이 갈수록 땅에 떨어지고 또한 지구 전체가 갈수록 황폐해진다는 말이다. 그러니 바닥을 향한 경주를 그만두고 위로 올라가기 위한 노력을 하는 것, 인간다운 삶을 쟁취하기 위한 노력이 나오는 것은 지극히 자연스런 일이다.

역사적으로 영국 등 서양에서 노동조합은 석공조합·목수조합 같은 직종별 노조로부터 출발해서 점차 산업별 노조나 일반 노조로 발전했다. 그러나 일본이나 한국에서는 주로 산업별 노조보다는 기업별 노조가 단체교섭의 주체로 인정되었다.[*] 그것도 처음에는 노조 자체가 인정이 되지 않다가 나중에 군사정권 시절엔 노동저항이 심해지자 마지못해 기업별 교섭을 겨우 인정한 것에 불과하다. 그것은 기업별로 노동자들이 나뉘어져 상호 경쟁하는 것이 자본 측에 훨씬 유리하기 때문이다.

기업별 교섭이 굳어지다 보니 대기업 노동조합과 중소·영세 기업 노동조합 사이엔 격차가 발생하기 시작한다. 사실, 중소·영세 기업으로 갈수록 노동조합 그 자체를 만들거나 유지하기도 힘든 형편이다. 그나마 대기업의 노동자들은 인원도 많고 공통의 경험을 가지고 있어 단결력을 높일 수 있었다. 결과적으로, 마치 대기업과 중소기업 간의 경제력 격차가 커지듯 노동조합 운동과 그 결과인 노동조건에서조차 상호 격차가 심하게 벌어졌다. 이는 대기업 노조와 그 노동자들이 중소·영세기업 노조나 노동자들에 비해 '귀족'처럼 비치는 현상으로 나타났다. 일례로, 현대자동차 공장 노동자들은 연봉 기준으로 평균 6000만 원을 받는다고 보수언론들이 그 결과만 퍼뜨림으로써 다른

산별 노조와 기업별 노조
산별 노조는 동일 산업에 종사하는 노동자 집단 전체를 단일 대표하는 노동조합을 말한다. 반면 대표성과 교섭대상이 특정 기업에 한정된 노동조합을 기업별 노조라고 한다. 기업별 노조의 경우 단체협약에 따른 권리와 혜택이 해당 사업장의 정규직 조합원에게만 부여되지만 산별 노조가 맺은 협약은 사업장 규모나 고용형태에 관계없이 해당 산업 전체 조합원에게 적용된다.

노동자들로부터는 물론 일반 시민들로부터 '귀족 노동자'라는 비난을 듣게 되었다.

그러나 그러한 비난이 과연 진실일까? 실상을 따져보면 그렇지 않다는 걸 알 수 있다. 첫째, 이들은 기본급보다도 매일같이 행하는 일상적인 잔업과 특근·야근으로 더 많은 돈을 받는다. 그만큼 일을 많이 한다는 뜻이다. 실제로 현대자동차 울산공장 주야맞교대 노동자들의 연간 노동시간은 2917시간에 이른다. 둘째, 그래서 겉보기에 많은 돈을 받지만 노동자 자신의 직장-가정 균형이나 직장-생활 균형은 거의 완전히 망가진 상태다. 이것은 사회복지가 빈약한 상황에서 그리고 고용불안이 심한 상황에서 "있을 때 벌자"라는 마음으로 '자기 착취'를 하기 때문이다. 셋째, 나아가 노동자 자신의 건강도 대단히 악화한 상태로, 대부분이 만성적인 피로를 느낀다. 다시 말해, 고액 연봉은 결코 공짜가 아니며 개인의 건강이나 가족생활·친구관계·사회활동 등 다양한 측면에서의 희생을 전제로 한 것이다. 그러나 이렇게 건강까지 망치면서 일을 하다 보면 중장기적으로 의료비용 내지 생명 비용이 더 커진다. 달리 보면, 사회적 비용을 개인화함으로써 단기적으로만 고액 연봉을 받을 뿐이다.

결국, 인간다운 삶을 위해 만든 노동조합이 최소한 산업별 수준에서 또는 보다 크게는 전국적 수준에서 모든 노동자들의 연대와 평등을 추구하는 방향이 아니라 개별 기업 수준에서의 노동조건(특히 임금수준) 향상이라는 방향으로만 나가다 보니

본의 아니게 인간다운 삶은커녕 대기업과 중소·영세 기업 사이의 격차만 크게 만들고 마는 역설적 현상이 나타나고 있는 것이다.

진짜 노동 귀족은 누구인가?

이와 같이 대기업 노동자들이 돈을 많이 받는다고 해서 무조건 '노동 귀족'이라 할 수 있는 건 아니다. 자세한 사정이나 전후 맥락을 살펴보면, '노동 귀족'이 아니라 오히려 자신의 건강이나 가족 관계, 친구 관계 등 인간관계가 망가질 정도로 '노동 중독'에 빠져 있음을 알 수 있다. 요컨대, 노동시간 단축이나 인간다운 삶을 위한 구조 혁신은 이들이 노동 귀족이어서가 아니라 노동 중독에 빠져 있기 때문에 사회의 건강한 발전을 위해 절실히 필요한 셈이다.

그런데 한편으로는 실제로 '노동 귀족'은 존재한다. 노동자의 대표라 하는 노동조합의 상층 간부를 맡았지만 사실상 기업의 이해관계를 대변하는 어용노조 간부들도 그런 노동 귀족이라 할 만하다. 그러나 정작 본인은 자신을 노동 귀족이라 보지 않는다. 나름으로 노동자를 대변한다고 생각하기 때문이다. 하지만 실제로 이들이 하는 모습을 보면 결코 노동자의 권익을 위한 노력을 한다고 볼 수 없다. 대개 이들은 회사 사장실 비슷한 멋진 사무실을 차지하고 회사가 제공하는 고급 승용차를 타고 다니며 노사간에 입장 차이가 첨예하게 대립할 때도 노동자 편에 서지 않는다. 기껏해야 회사와 밀실 타협을 하여 겉으로는 노동자에게 몇 가지 유리한 결과물을 얻어내지만 이 역시 더 큰 차원에서 보면 결국은 회사 측에 유리한 것이기 일쑤다. 이런 경우, 이들은 차라리 노동자의 대표 조직이라기보다 기업 측의 대변 조직이라 볼 수 있다. 실제로, 일본 대부분의 노조들이 '제2의 노무관리 부서'라는 별명을 갖고 있는데, 한국의 경우도 그런 경우가 많다. 1987년 이후 '민주노조 운동'이란 바로 이렇게 기업 편을 드는 귀족 노소를 노동자를 위한 민주노조로 바꾸는 거대한 물결이었다. 기업 편에 붙어 귀족 행세를 하는 이런 어용 노조는 없어져야 할 것이다.

또 다른 형태의 노동 귀족도 있다. 잘 나가는 대기업의 사무직·생산직·기술직 노동자들은 많은 경우 회사가 주는 고임금과 고복지를 누리면서 "이 정도면 괜찮은 세상이지"라고 생각하며 다른 노동자가 겪는 불평등이나 차별에는 눈을 감는다. 상시 근로자 300인 미만인 중소기업의 관리직 노동자들 또한 기업주의 명령 아래 일을 하면서도 스스로 노동 귀족 행세를 하는 경우가 있다. 25살의 송효순 씨는 『서울로 가는 길』이란 현장 수기에서 자신이 일하던 작은 기업에서 "자꾸만 자꾸만 김 차장님은 이야기한다. 사람하고 기름은 짜면 짤수록 나온다고 사람을 기름처럼 짜라고 강요하고 있다"고 고발한 바 있다. 김

차장과 같은 사람들은 자신이 누리는 물질적 혜택이 그 아래에 있는 사람들을 억압하고 착취한 데 따른 것이라는 인식을 갖고 있지 않다. 이것은 마치 중세의 귀족들이 자신이 누리는 호화와 사치가 자신이 잘 나서 그런 것으로 착각한 것과 닮았다.

그런데 정말로 문제인 것은 위와 같은 노동 귀족 범주에 들지 않은 대부분의 노동자들도 말은 하지 않아도 "나도 언젠가 저런 사람처럼 잘살아 봤으면" 하는 생각을 한다는 점이다. 전체 노동자의 처지와 대우를 향상시키려 하기보다 이렇게 노동 귀족이 되려고 하는 일반 노동자 내지 일반 시민들이 갖고 있는 이런 허위의식 또는 착각과 환상이야말로 우리가 하루 빨리 깨야 할 벽이다. 정작 우리가 고민하고 실천해야 할 일은, 더불어 행복해야 할 사회가 왜 갈수록 불평등이 심화하는지, 왜 극소수는 잘 살고 대다수는 생계에 허덕이며 살아야 하는지, 왜 수많은 정치가들이 선거 때는 그 모든 문제를 해결하겠다고 입에 거품을 무는데도 정작 현실에서는 아무런 변화가 없는지, 과연 어떻게 하면 더불어 행복한 세상을 만들 수 있는지 등에 대해 질문하고 같이 해답을 찾는 일이다.

그러나 현실 변화는 녹록치 않다. 생각이 변하는 속도만큼 세상이 변한다면 벌써 다른 세상이 되었을 것이다. 이렇게 세상 변화가 더딘 것은 한편으로는 기존의 기득권 세력의 저항이 강하고 다른 편으로는 비기득권 세력, 즉 일반 민중조차 기득권을 동경하며 '강자 동일시'를 하고 있기 때문이다. 결국, 세상

변화는 우리가 기득권을 더 많이 차지하기 위한 게임 판 자체
를 단호히 떠날 수 있느냐, 그리하여 정말 평등하고 자유로운
세상을 만들려는 의지와 능력을 얼마나 기를 수 있느냐에 달려
있을 것이다.

언론이 노동문제를 다루는 방식

1960년대 이후 군사 정권 시절의 언론 조작은 너무나 유명해
서 많은 사람들이 "진실을 알려면 신문에 나오는 말을 거꾸로
믿으면 된다"고 할 정도였다. 예컨대, 언론이 대통령이 훌륭한
일을 했다고 보도하면 대통령이 뭔가 잘못된 일을 했다고 보면
되고, 대학생들이 불순한 생각으로 데모를 하고 있다는 뉴스가
나오면 대학생들이 정의감에 불타서 투쟁을 한다고 보면 된다
는 식이었다. 정말 그랬다. 자유와 평등, 정의와 진리의 정신으
로 무장한 대학생이나 시민들, 그리고 생존권을 주장하는 노동
자들과 농민들이 온갖 어려움을 무릅쓰고 시위라도 할라치면
정부와 언론은 한목소리로 "불순한 세력"이라거나 "사회 혼란"
또는 "북괴의 남침 위협" 같은 표현을 쓰면서 시위 군중을 다른
시민들로부터 고립시키고자 했다.
  군사 독재 시절에는 언론이 한마디로 '조작'되었다. 언론 종
사자들은 권력에 빌붙어 기득권을 수호하는 데 앞장섰다. 그래

야 자신들이 가져갈 떡고물이 많아졌기 때문이다. 그들의 시각으로는 '학생들은 오직 공부만' 해야 하고 '노동자들은 오직 일만' 해야 한다. 정치는 모두 국가에 맡겨야 한다는 식이었다. 그러면 온 나라가 잘 살게 된다는 논리였다. 그런 시각에서는 학생들이 문제를 제기하는 것은 '불순한' 생각을 하는 것이고, 노동자들이 파업을 하는 것은 '사회 혼란'을 초래하는 일이었다. 그래서 경찰이나 군대·정보기관 등이 학생·시민·노동자·농민 등 온갖 사회운동의 주체들에 대해 감시하고 통제하는 무서운 '공안 사회'가 되었다. 그 시대 언론은 바로 그러한 군사독재 정권과 손발이 잘 맞았다. 참된 언론이 '민중의 지팡이'라면 조작된 언론은 '민중의 몽둥이'였던 셈이다.

그런데 1987년 6월 민주화항쟁과 7월 노동자대투쟁●을 계기로 한국의 민주화는 급물살을 탄다. 1990년대에 이르면 마침내 군사정권은 종식되고 이른바 문민정부가 수립된다. 물론 여전히 권력에 의한 언론 조작은 존재했지만, 그래도 사정이 조금은 나아졌다. 언론계 자체 반성과 더불어 언론 노동자나 사회의 일반 의식이 높아져 조작된 언론에 대한 저항감이 강하게 성장했기 때문이다. 그런데 기존의 기득권을 수호하던 보수언론들, 특히 '조·중·동'으로 상징되는 보수언론은 권력에 의한 조작 압력이 존재하지 않아도 자신들이 알아서 보수의 논리를 만들어나가고 있다. 그리고 같은 방식으로 일반 독자들에게도 그들의 논리를 내면화시키려 했다. 과거에 군사정권에 의해 조작되었던 경총 "금속노조 파업은 불법"

"명백한 정치 파업-- 정부 엄정 대응해야"

철도노조 "KTX 경쟁체제 반대" 총파업 결의

정부 "명백한 불법-- 엄정 대처"

이재필 노동부 장관 후보 청문회

"유성 사태는 노조 불법 탓"

노동 현안마다 답답 회피·강경론
"쌍용차 사태, 노조에 가장 큰 책임"

언론이 이제는 스스로 그러한 논리를 펴면서 진실이라 믿고 퍼뜨리는 것이다. 이런 논리에서는 노동자의 권리를 찾기 위한 투쟁은 늘 "경제성장에 해로운 일"이었고, 노동운동이나 노동조합은 늘 "불순 세력 또는 북괴의 배후 조종을 받는" 것으로 낙인 찍혔다. 그리고 경우에 따라서는 이른바 '강성' 노조들이 노동자 권익 향상을 위해 영향력을 키워나가는 것이 두려운 나머지 이들을 '귀족노조'라고 비난하기 시작했다. 오히려 자신들이 '귀족' 행세를 하면서도 노동조합들에게 '귀족노조'라는 낙인을 찍

은 것이다. 모두 노동운동과 시민사회를 분리시키기 위한 작전
이었다.

그런 상황에서 탄생한 것이 진보 언론인데,『한겨레』를 시작
으로 나중에는『경향신문』도 동참했고, 인터넷의 발전과 더불
어 온라인 언론인《오마이뉴스》《프레시안》《레디앙》《미디어
오늘》 등이 대표적인 매체로 등장했다. 특히 노동문제를 집중
으로 다루는《매일노동뉴스》《참세상》《민중의 소리》《미디어
충청》 등의 매체도 있다.『한겨레21』이나『시사IN』 같은 주간지
도 진보적이다. 1995년에 창립된 민주노총 또한 자체의 홈페이
지나『노동과 세계』라는 신문에서 노동문제와 사회문제를 다
루기도 한다. 이러한 진보 언론은 기본적으로 이런 시각을 갖고
있다. 즉 노동자의 노동 없이는 사회가 돌아가지 못한다는 시
각, 노동자나 농민·서민 등 성실히 일하는 사람들이 인간답게
살아야 한다는 시각, 노동권과 생활권 수호를 위한 사회운동이
필요하다는 시각, 역사는 일하는 사람들이 주체로 나서서 문제
제기를 하고 현실 개선을 위해 투쟁을 할 때 발전한다는 시각
등이 바로 그것이다.

그러나 이미 만들어진 언론보다 중요한 것은, 이제는 우리가
단순한 언론의 소비자만이 아니라 생산자도 될 수 있다는 점
이다. 시민 기자가 바로 그것이다. 모두가 자기 삶의 현장에서
발생하는 문제나 모순을 직접 시민 기자의 신분으로서 기사화
할 수 있다. 특히 인터넷 시대 온라인 신문인 경우 이러한 직접

적 참여가 매우 쉬워졌다. 게다가 이른바 '1인 미디어'라고 하는 블로그·카페·유튜브 등 다양한 공간이 나타나면서 창의적이고 주체적인 여론을 만드는 것이 가능해졌다. 기존의 신문 기사에 얼마든지 독자의 생각을 비판적으로 개진할 수도 있고, 좋은 기사는 퍼다 나를 수 있다. 최근엔 소셜네트워크서비스SNS를 이용하여 개인과 개인, 개인과 조직 사이에 소통과 연대가 더욱 원활해졌다. 이렇게 그동안 기술적 측면은 가히 혁명적인 변화를 맞고 있다.

이제 중요한 것은 그 내용이다. 기득권 집단은 인터넷 '알바'를 고용하여 보수 기득권 진영의 시각으로 댓글 달기나 근거 없는 비난을 체계적으로 유포하도록 만든다. 진보 진영의 일각에서도 통 큰 차원에서 단결·소통하고 연대하기보다 편협한 시각으로 내부 분열만 추구하는 경향이 있다. 물론 노동조합이나 노동운동 본래의 취지를 잃어버리고 오로지 자신이나 자기 집단만의 안위를 위해 돈과 권력을 쥐려고 하는 진짜 '귀족 세력'에 대해서는 단호하게 맞서야 한다. 그것은 노동운동 안팎을 가리지 않고 적용될 것이다. 그리하여, 이 모든 문제를 넘어 '더불어 행복한 세상'이라는 공동의 목표를 향해 서로 정보를 나누고 문제점을 함께 고민하며 창의적인 대안을 토론하는 그런 언론을 만들어야 한다.

최저임금제의 명암

—

최저 보호선
VS
발목 잡는 끈

최저임금제의 역사적 기원

만일 어느 기업가가 노동자에게 일을 시키고도 임금을 주지 않거나 최소한의 생활도 되지 않는 쥐꼬리만 한 돈을 임금이라고 주면 어떻게 될까? 당연히 그 노동자는 반발할 것이다. 처음에는 그 혼자서만 싸우겠지만 나중엔 집단적인 투쟁으로 커질 것이다. 그렇게 되면 사회도 혼란해지고 기업도 정상 영업을 할 수 없다. 게다가 이런 점도 있다. 만일 어느 기업가가 직원들을 노예처럼 부려먹고 겨우 밥만 먹여주는 정도의 임금을 준다면 그 노동자들의 건강은 어떻게 될 것인가? 아마도 영양실조에 걸려 피골이 상접할 것이다. 억지로 힘없이 노동하다가 갑자기 쓰러져 죽을지도 모른다. 그러니 그 아들이나 딸도 제대로 못 낳을 것이며 다음 세대 노동력을 키울 수도 없을 것이다. 자본주의 전체 관점에서 보면 근본적인 문제가 생기는 셈이다. 그래서 국가가 나서서 최소한 인간답게 먹고살 만큼은 임금을 줘야 다음 세대 노동력도 문제없이 생산될 것이 아니겠느냐 하는 취지로 규제를 하게 되는데, 바로 이것이 최저임금제이다.

원래 임금 수준은 최저생계비에 해당하는 최저선과 기업의 지불 능력 한계점이라 할 수 있는 최고선 사이의 범위 안에서 노사간의 교섭력에 의해 최종 결정된다. 노동자 측의 힘이 세면 임금이 올라가고, 회사 측의 힘이 세면 임금이 내려가는 것이다. 그런데 자본주의 사회에서 노동자 측이 압도적인 약자이므로 그대로 두면 임금은 내려가는 경향을 띤다. 바로 여기서 최저선인 최저생계비를 보장하기 위해 국가가 강제력을 발휘한 제도가 최저임금제다.

최저임금제도는 원래 1894년의 뉴질랜드 강제중재법, 1896년의 호주 빅토리아 주의 공장법에 기원을 두고 있다. 그 뒤 1902년 영국, 1915년 프랑스, 1912년 미국 등이 관련 제도를 공식적으로 도입했다. 이어서 1919년에 창설된 국제노동기구ILO는 대공황 직전인 1928년에 최저임금 관련 조약을 비준하고 보급하기 시작했다.

최저임금제도의 역사적 기원 내지 의미는 다음과 같이 요약될 수 있다. 첫째, 최저한의 생계비를 보장함으로써 노동력의 재생산을 보장한다. 초기 자본주의에서는 노동을 하면서도 매일 끼니를 걱정하는 이들이 너무나 많았고 노동자들은 영양실

〈최저임금의 세 측면〉

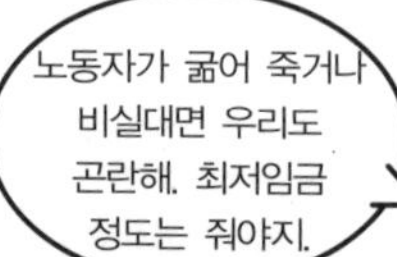

노동력의 재생산 보장

노동조건의 최소기준

임금인상 저지

조나 건강 이상으로 정상적인 생활이 불가능한 경우가 많았다. 특히 저임금과 장시간 노동이 겹치면서 노동자들은 제대로 먹지도 못하고 제대로 자지도 못하며 오로지 일만 죽도록 해야 했다. 한창 혈기가 넘치고 팔팔해야 할 청년조차 늙은이 같은 몰골을 하는 경우도 많았다. 이런 상황에서 국가는 노동력의 재생산이 보장되어야 자본의 재생산도 가능하다는 입장에서 최저임금제를 실시했다.

둘째, 최저임금제는 표준 노동시간제와 함께 노동조건의 최소 기준을 설정한다. 이를 통해 노동자들이 상대적으로 만족할 수 있는 수준을 설정함으로써 노동 반란 내지 체제 전복의 여지를 사전에 차단하는 효과도 지닌다. 만일 초기 자본주의처럼 굶주림을 벗어날 수 없는 임금에 장시간 노동이 계속된다면 아마도 세계 곳곳에서 노동자의 불만이 폭발하고 마침내 자본주의 체제 자체를 뒤집으려는 행동에 나설 것이다. 그러나 국가가 최저임금 수준이나 최고 노동시간을 설정하고 기업주들에게 이런 기준을 지키도록 함으로써 노동자들이 그나마 받아들이고 살 만한 환경을 만들도록 유도하는 것이다.

셋째, 최저임금제는 그 인간주의적 측면과는 달리 의도했건 의도치 않았건 전반적인 임금 인상 또는 급격한 임금 인상을 저지하는 효과도 지닌다. 최저임금 기준이 설정됨으로 말미암아 수많은 영세·중소기업들, 그리고 이주 노동자나 여성·청소년·노인들을 고용하는 기업들은 가능한 한 최저임금에 가까운

임금만 주려고 한다. 만약의 이야기지만 최저임금 기준이 없다면 전반적인 노동자 임금은 지금보다 훨씬 높아졌을지 모른다.

이런 식으로, 최저임금 기준이란 원래는 최소한의 생계를 보장한다는 인간주의적 측면도 있지만 역설적이게도 자본주의 체제 수호 내지 임금 인상 속도의 상대적 지체라는 부수적 효과도 동시에 지니고 있는 것이다.

한국은 경쟁력 논리나 고용 악영향 논리, 시기상조론 등의 이유를 대며 최저임금제 도입을 미루고 미루다가 1986년에야 비로소 도입했고 1988년부터 시행하고 있다. 노·사·공익을 대표하는 등 9명의 위원이 해마다 시간당 최저임금을 결정하여 공표한다. 노동자의 생계비와 유사 근로자의 임금이나 생산성 등을 고려하여 업종별로 최저 기준을 정하되, 1인 이상 근로자가 일하는 모든 사업장에 적용된다. 다만, 만 18세 미만의 연소 근로자나 수습기간(3개월) 중의 아르바이트 학생인 경우 최저임금의 90%만을 주어도 된다는 규정이 있다.

그러나 무엇보다 문제인 것은 편의점이나 피시방 등에서 일하는 청소년 알바생의 경우 최저임금제나 근로기준법에 대해 거의 아는 바가 없다는 사실이다. 처음부터 권리를 모르니 누릴 수 없는 경우가 많다. 게다가 감시나 단속 노동자, 즉 경비원 같은 노동자의 최저임금은 2007년에 법을 개정해 최저임금의 80%만 줘도 되도록 만들어버렸는데, 바로 이런 부분들이 최저임금의 사각지대가 되고 있다.

노동력을 제공한 사람이 알바생이건 일반 노동자이건, 사용자가 정해진 최저임금 이상을 지급하지 않거나 당사자의 동의 없는 강제 근로 또는 연장 근로를 일방적으로 강요하는 경우는 최저임금법 또는 근로기준법 위반이 된다. 이런 경우에는 당사자가 고용노동지청에 진정을 하거나 검찰에 고소를 함으로써 문제를 해결할 수 있다. 물론 그 이전에 공인노무사나 근로감독관에게 미리 문의를 하여 법적 구제 가능성을 정확히 확인할 필요가 있다. 최저임금법을 위반한 사업주는 3년 이하의 징역 또는 2000만 원 이하의 벌금을 부과받는다. 물론 가장 좋은 것은 그런 단계로 나가기 이전에 정당하게 제대로 임금을 지급함으로써 문제를 해결하는 것이겠다.

알바가 알아야 할 노동 지식

많은 학생들이 성인이 되기 전에도 노동을 하곤 한다. 이른바 '알바'인데 이들도 엄연히 노동을 하는 노동자라고 할 수 있다. 하지만 이들은 노동권에 대한 지식도 얕고 보호해줄 만한 노동조합이라 할 것도 없어서, 상대적으로 노동 환경이 취약한 편이다. 청소년 아르바이트 노동은 다른 성인 노동과 어떤 점에서 차이가 날까?

우선은 근로기준법 규정상 만 15세 이상자만 근로계약이 가능하므로, 만 15세 이상이 되어야 한다. 다만, 의무교육법에 따를 때 15세 이상 18세 미만인 경우라도 중학생 신분으로는 아르바이트가 금지되어 있다. 물론, 예외 조항도 있다. 가정 형편 등 사정을 고려해 노동부 장관이 발급한 취직인허증이 있는 경우는 가능하기도 하다.

둘째, 만 18세 미만자는 연소근로자 규정이 적용되어, 연령 증명이 되는 호적증명서와 친권자 동의서를 사업장에 비치해야 한다. 연소자를 보호하기 위한 조치이다. 그리고 연소자에게 유해하거나 위험한 작업을 시켜서는 안 된다. 근로시간도 1일 7시간, 1주 40시간 초과를 금지하고 있다. 단, 당사자와 합의시엔 1일 1시간, 1주 6시간까지 연장이 가능하다. 그리고 연소 근로자에게는 4시간당 30분 이상 휴식 시간을 줘야 한다.(예: 3시간 30분 근로, 30분 휴식) 당연하게도, 본인 동의 없는 야간근무(밤 10시에서 오전 6시)가 금지되며, 본인 동의 없인 휴일 근로도 금지된다.

셋째, 아르바이트생도 근로계약서를 작성해야 한다. 근로계약서에는 일을 하기로 한 기간, 일할 장소, 해야 할 일, 하루에 일해야 하는 시간과 쉬는 시간, 쉬는 날, 받아야 할 돈(임금), 임금 받는 날 등 중요한 내용이 반드시 나타나 있어야 한다. 근로계약은 반드시 본인이 해야 하며 다른 사람이 대신할 수 없다. 만약의 경우에 대비해 근로계약서를 작성한 뒤에는 계약서를 한 부 달라고 해서 가지고 있는 것이 좋다.

넷째, 이러한 아르바이트 학생들에게도 당연히 법정 최저임금이 적용되는데, 만일 문서로 수습기간을 정한 경우엔 처음부터 3개월까지는 최저임금의 90% 지급이 가능하다. 하지만, 일반적으로는 알바생도 최저임금 이상을 받는 것이 원칙이다.

다섯째, 당연하게도 만 18세 미만자가 출입할 수 없는 장소는 취업도 할 수 없다. 유흥주점·단란주점·비디오방·노래방(단, 청소년의 출입이 허용되는 시설을 갖춘 노래방에는 청소년 입장은 가능하다)·전화방·무도학원업·무도장업·사행행위업·성기구 취급업소 등이다. 물론 이러한 청소년 유해업소에서 청소년을 불법 고용했다는 씁쓸한 뉴스가 자주 나오긴 한다.

여섯째, 나아가 만 18세 미만자의 고용이 금지된 업소들도 있다. 그 구체적인 예는 다음과 같다. 숙박업, 이용업, 목욕장업 중 안마실을 설치하거나 개실로 구획하여 하는 영업, 담배소매업, 유독물 제조·판매·취급업, 티켓다방, 주류판매 목적의 소주방·호프 및 카페 등 형태의 영업, 음반판매업, 비디오물 판매·대여업, 일반게임장, 만화대여업 등이 있다.

일곱째, 만일 사용자가 최저임금(2010년 시급 4110원, 2011년 시급 4320원, 2012년 시급 4580원, 2013년 시급 4860원, 2014년 시급 5210원)보다 적게 지급할 경우 '최저임금법' 위반으로 3년 이하의 징역 또는 2000만 원 이하의 형사 처벌 대상이 된다.

여덟째, 아르바이트 학생이 계속 일을 하기 어려울 정도로 중대한 잘못을 했을 경우 해고가 될 수도 있지만, 일반적으로 정당한 이유 없이 마음대로 해고는 불가하다.

최저임금도 못 받는 노동자

여름이나 겨울 방학 때가 되면 청소년이나 대학생들은 학비
나 생활비를 벌기 위해 아르바이트 현장으로 달려간다. 하지만
많은 경우 알바생들은 좌절감을 느낀다. 한국의 노동 현장이
최저임금제를 제대로 인식조차 하지 않고 있기 때문이다.

가장 많은 문제가 근로계약서나 임금대장 작성 의무를 지키
지 않는 것, 다음으로는 주 15시간 이상 일정하게 일을 하는 경
우 일주일에 한 번 줘야 하는 유급휴일(주휴수당)을 주지 않는
것이다. 유급휴일에는 알바생이 일을 하지 않아도 시간당 임금
을 계산해서 줘야 하지만, 잘 지켜지지가 않는다. 사용자가 이
런 의무 규정을 모르는 것도 문제지만 알바생들이 모르는 것
은 더욱 안타까운 일이다. 권리를 모르니까 찾기는 더욱 어렵
다.

일례로, 대구고용노동청은 2012년 7월 23일부터 8월 14일까
지 편의점, 제과점 등 대구지역 31개 사업장을 대상으로 연소자
와 대학생 아르바이트 근로조건을 점검했는데, 근로기준법과
최저임금법 위반 등으로 시정 지시를 받은 건수만 103건에 이른
다. 사업장 한 곳 당 3건 이상의 문제점이 드러난 것이다. 그리

고 이 점검 과정에서 노사 모두 모르고 있던 주휴수당 미지급 문제 등이 드러나 모두 1700만 원 정도가 나중에 지급되었다.

다음은 한 프랜차이즈 제과점에서의 실제 상황이다.

> 근로감독관 (사업주에게): "근로계약서와 임금대장을 좀 보여주시죠."
>
> 사업주: "근로계약서는 여기 있는데, 임금대장은 따로 없어요. 알바생이 수시로 그만두기 때문이죠."
>
> 근로감독관: "주휴수당은 잘 지급하셨나요?"
>
> 사업주: "주휴수당이 무엇이죠?"

그 다음은 아이스크림 전문점에서의 상황이다.

> 근로감독관: "근로계약서와 임금대장을 좀 보여주시죠."
>
> 사업주: "그런 것 없는데요."
>
> 근로감독관: "알바생이라도 그런 것을 꼭 작성해야 합니다. 최저임금법과 근로기준법을 준수하지 않으면 처벌을 받게 되어 있어요."
>
> 사업주: "내가 마치 죄인 취급을 받는 것 같아 기분이 너무 좋지 않군요."

결국, 한국에서 최저임금제는 최저임금 수준만 맞추면 되는

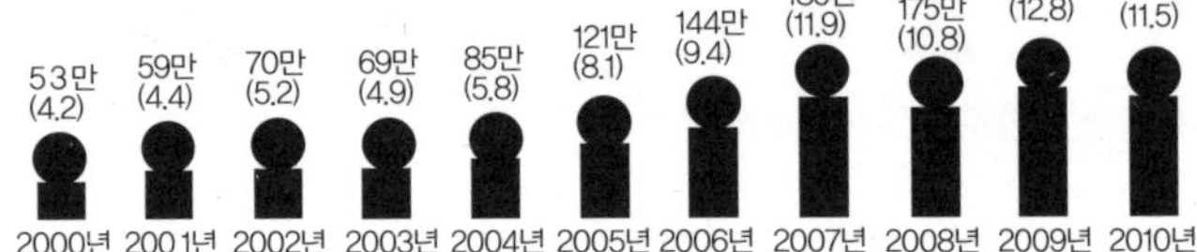

것처럼, 근로기준법은 지키지 않아도 되는 것처럼 인식되고 있는 것이 문제다. 사실, 모든 노동관계에서 가장 기본은 근로기준법이다. 청소년 알바나 대학생 알바라고 해서 근로기준법을 함부로 위반해도 된다는 생각을 해서는 안 된다. 앞의 사례들에서 분명히 드러난 것처럼, 시간당 최저임금뿐만 아니라 휴일수당, 근로계약서, 임금대장 등의 규정을 반드시 지켜야 한다. 노사 모두가 이를 잘 인식하고 준수해야 한다.

최저임금제 개선의 필요성

해마다 최저임금이 결정되는 과정에서 온갖 잡음이 발생한다. 노·사·공익 등 3 주체가 참여하는데, 상호간에 충분한 합

OECD국가 간 평균임금 대비 최저임금 비교 (2008년)

순위	나라	비율
1	뉴질랜드	50.5
2	프랑스	50.0
3	호주	45.0
6	그리스	41.3
7	영국	38.0
8	네덜란드	37.6
9	캐나다	36.8
16	한국	32.0
17	일본	30.4

* 김유선, KLSI고용지표 OECD국가비교, 한국노동사회연구소 프리드리히 에버트재단

의나 공감대 형성이 이뤄지지 않은 채 강행되는 경우가 많다. 2012년의 경우에도 노사간 불신과 감정의 골이 깊은 나머지, 6월 30일 새벽에 시간당 4580원에서 4860원으로 6.1% 인상하자고 제안한 공익위원 안이 표결 처리되었다. 이 안에 대해 공익위원 9명과 국민노총 소속 근로자위원 1명이 찬성표를 던졌다. 양대 노총 근로자 위원은 불참했고, 사용자 위원 8명은 기권했다. 그래봤자 시간당 5000원도 되지 않지만 사용자 측은 지나친 인상이어서 한국 경제에 대단히 유해하다며 거부하는 입장을 취했다. 이것이 오늘날 한국 기득권층의 의식 수준이다.

한편, 정부는 그 이전에 노사 단체와 일체의 협의 없이 공익위원을 위촉했다. 노사 모두 반발할 수밖에 없었다. 게다가 근로자위원 자리도 한국노총 몫에서 한 명을 빼 국민노총에 할당했다. 한국노총과 민주노총 등 양대 노총은 이명박 대통령과

이채필 고용노동부장관을 ILO에 제소하고 검찰에 고발하기도
했다. 최저임금 심의위원회가 합의나 공동 결정의 문화를 선도
하기보다는 노·사·정 사이의 갈등을 표출하는 장이 된 셈이다.

파행적인 최저임금 제도를 개선하기 위해서는 다음과 같은
아이디어를 새롭게 검토할 필요가 있다.

첫째, 최저임금액은 현재 노동자 평균 임금의 1/3 수준에서
1/2 수준으로 높여야 한다. 최저임금액을 임의로 정하게 할 것
이 아니라 이러한 가이드라인 정도는 법률 속에 강제 규정으로
못을 박을 필요가 있다.

둘째, 공익위원의 선정을 정부(노동부)에 맡길 것이 아니라 노
·사·정이 추천한 사람 중에서 전문성과 공정성을 두루 갖춘
사람을 선발하기 위해 상호 합의점을 찾아내든지 아니면 투표
로 결정하는 것이 바람직하다.

셋째, 최저임금 심의위원회의 독립성이 필요하다. 노·사·공
익의 대표자들이 합리적으로 객관적인 기준에 근거해, 공정하고
전문적인 역량으로 판단하도록, 그리하여 어느 특정한 입장이
일방적으로 반영되지는 못하도록 자율성과 독립성을 보장해야
한다.

이러한 제안에 대해 많은 기업가들은 "최저임금 수준이 높아
지면 망할 기업이 무수할 것이다"라고 할 수 있다. 이에 대한 올
바른 입장은 "최저임금도 지급하지 못할 정도라면 기업 활동
을 과감히 접고 다른 활동을 하는 것이 낫다"라는 것이다. 사

실, 선진국들의 기업 경영 수준이 높은 배경에는 국가적 규제의 수준이 높거나 노동조합의 압박이 높았던 점이 있다. 이것은 마치 효율임금론에서 '노동자에게 임금을 더 많이 줄수록 생산성이 높아진다'는 원리를 이야기하는 것과도 비슷하다. 말하자면, 노동자를 위한 최저임금 수준을 높일수록 기업들이나 경제의 수준이 업그레이드된다고 할 수 있다. 그렇지 않고 최저 기준을 자꾸 낮추어 간다면 아마도 한국 기업, 나아가 한국 경제 전체는 하향평준화로 치달을 것이다. 과연 어느 방향이 바람직한 방향인가?

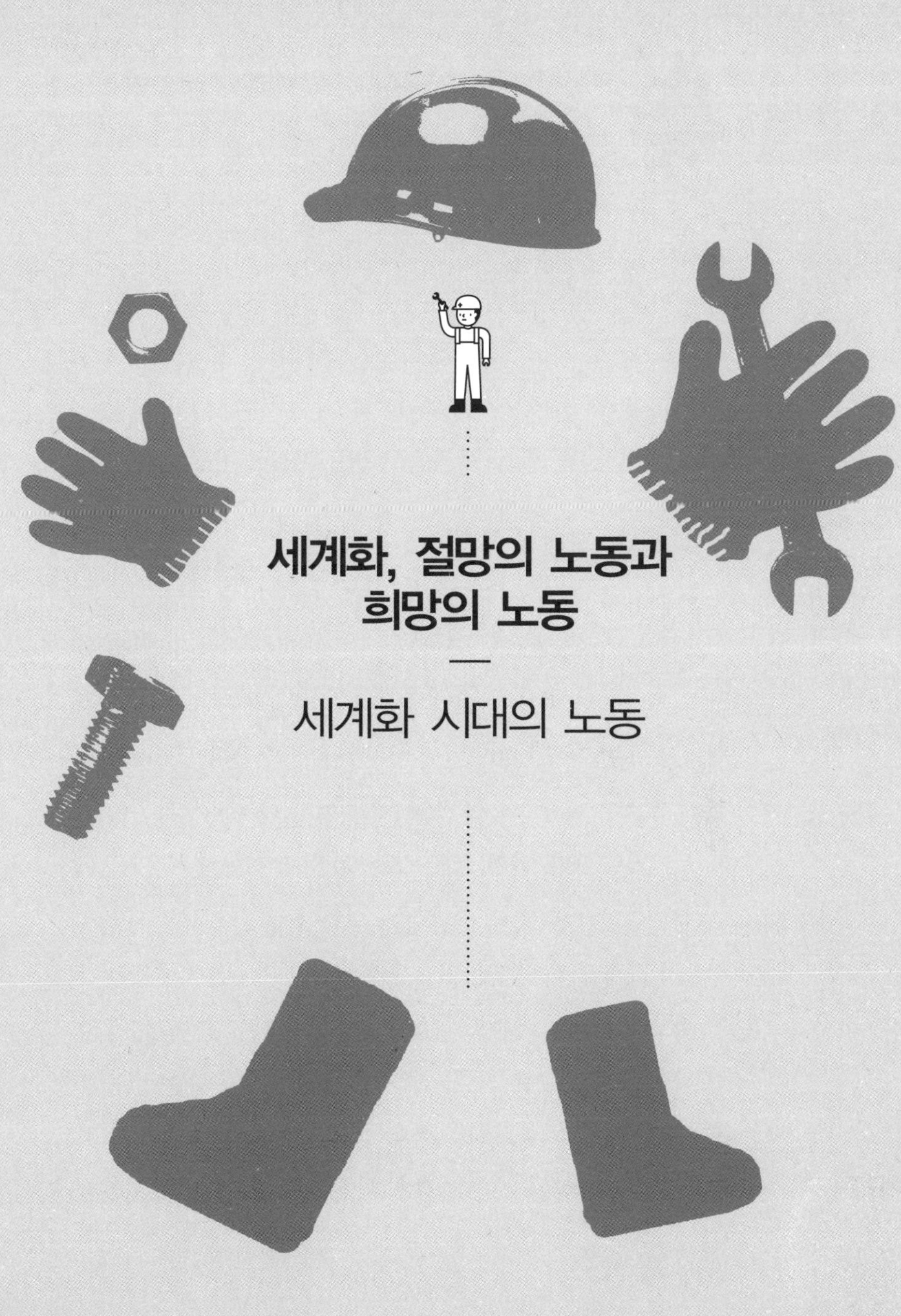

세계화, 절망의 노동과 희망의 노동

—

세계화 시대의 노동

세계화란 도대체 우리에게 무엇인가?

21세기를 사는 오늘날 우리는 '세계화' 없이는 살 수 없을 듯하다. 중국이나 일본, 동남아 등지에 '한류' 열풍이 분 지 오래되었고 가수 싸이가 2012년 들어 〈강남 스타일〉이란 노래와 독특한 춤으로 미국이나 영국 등 세계 여러 나라에서 많은 인기를 누리기도 했다. 한편, 한국에도 100만 명 이상의 외국인들이 들어와 살면서 '다문화 사회'라는 이름이 낯설지 않게 되었고, 서울의 일부 거리에 가면 여기가 한국인지 외국인지 구분이 안 될 정도다. 심지어 아파트 이름이나 주소명조차 영어로 되어 있어 나이 든 사람들은 자식들의 집을 찾아가기도 힘들다. 사실, 세계화는 이런 식의 문화의 융합이나 복합을 일으키면서 서로 교류하고 소통하는 가운데 상호 학습하고 발전할 수 있는 좋

은 계기가 되기도 한다. 그러나 우리가 보다 심각하게 들여다
보아야 하는 것은 돈벌이의 세계화라는 경제적 차원이 노동의
세계화나 빈곤의 세계화 같은 사회적 차원에 어떤 영향을 미치
는가 하는 측면이다.

여기서 핵심 문제인 '세계화globalization'는 지구화 또는 글로벌화
라고도 불리며, 그 내용은 전체 세계를 하나의 시장, 하나의 공
장, 하나의 이윤 공간으로 통합하는 것이다. 기존의 국경선이나
공간적 거리 같은 것을 축소하거나 철폐하려는 자본의 움직임
이다. 물론 세계화로 말미암아 여행의 자유, 이동의 자유, 교류
의 자유 등이 다양한 자유가 폭넓게 열리기는 하지만, 그것은
부차적 측면일 뿐이고 가장 핵심적인 측면은 자본의 자유와 이
윤 추구의 자유를 세계적 수준에서 실현하는 것이다.

따지고 보면 자본주의는 초기부터 세계적 차원에서 진행된
것도 사실이다. 14~15세기의 신항로 개척과 신대륙 발견 등으
로 상징되는 상업 자본주의는 이미 그 자체가 세계화 과정이었
다고도 할 수 있다. 유럽인들을 그때부터 세계를 무대로 돈벌이
를 시작했으니 말이다. 세계화가 단순히 최근의 현상은 아니라
는 말이다. 그러나 1980년대 이후 전개되는 세계화는 다국적 기
업이 세계 경영을 할 뿐만이 아니라 국제금융시장이 그 이전과
는 달리 질적으로 다른 양상을 띤다는 점이 특징적이다. 그것은
크게 개방화·탈규제화·사유화·유연화 등 네 가지 차원에서
기존의 모습과는 다른 특징을 보이고 있다. 이것을 고전적 자

세계무역기구

세계 교역 증진을 목적으로 1995년 설립돼 국가 간 경제 분쟁의 감시·조정·판결을 담당하는 국제기구. 1947년 이후 세계 경제 질서를 이끌어온 GATT(관세 및 무역에 관한 일반협정)체제가 예외 규정을 남발하며 법적 기구로서 위상에 한계를 드러내자 이를 대신할 다자 간 무역기구로 설립됐다. 스위스 제네바에 본부를 두고 있고 2012년 현재 회원국은 154개국이다.

자유무역협정

특정 국가 간 혹은 지역 내 자유로운 무역을 위해 무역 장벽을 제거하거나 완화하는 협정. WTO가 모든 회원국에게 최혜국대우를 보장해 주는 다자주의를 원칙으로 하는 반면, FTA는 당사국에만 무역장벽을 낮추는 특혜를 준다. FTA를 체결하면 시장 확대로 비교우위에 있는 상품의 수출과 투자 확대를 기대할 수 있지만, 상대적으로 경쟁력이 낮은 산업은 몰락할 수 있는 단점이 있다. 유럽연합(EU)이나 북미자유무역협정(NAFTA)이 대표적인 FTA체제이고 한국은 2004년 칠레를 시작으로 2012년까지 9개 국가와 FTA를 체결했다.

유주의(18세기 아담 스미스로 상징되는 시장의 자유를 기조로 하는 정치경제 이념)에 대비하여 '신자유주의 세계화'라 하기도 한다. 오늘날의 세계화를 자본의 세계화라 규정할 수 있는 것도 바로 이런 모습 때문이다. 그러면 과연 신자유주의 세계화의 네 가지 차원이 무엇인지 보다 구체적으로 살펴보자.

첫째, 개방화liberalization란 엄격하게 통제되던 국경을 자본의 돈벌이에 자유롭게 개방하라는 것이다. 세계무역기구WTO나 자유무역협정FTA이 그 대표적 추진 기구이다. 반면에 국경을 넘어 노동을 하러 떠나는 이주 노동자들에게는 국경 개방이 자유롭지 않다. 이들은 특정 나라가 꼭 필요한 분야에서만 일자리를 얻을 수 있다. 그러나 생산자본이건 금융자본이건 자본은 이제 전세계를 무대로 자유롭게 활동할 가능성이 열렸다. 1997년 아시아 경제 위기, 2008년 세계 금융 위기, 2011년 유럽 경제 위기 등은 바로 그러한 자본 자유화의 중간 결산이다. 투기나 탈세 등을 규제하던 각국의 민주적 장치들까지 무력화하면서 마치 '고삐 풀린 듯' 운동하던 세계금융자본이 마침내 스스로를 통제할 수 없는 지경에까지 이른 것이다. 심지어 세계적 투기꾼 조지 소로스(투기성이 강한 헤지펀드의 일종인 퀀텀펀드의 실소유주)조차 "최악의 경우 금융시스템이 붕괴될 수 있다"고 경고할 정도다. 자본의 세계화는 역설적이게도 위기의 세계화를 부를 수 있다는 교훈을 주고 있다.

둘째, 탈규제deregulation란 기존의 국민국가나 노동조합 등이 민주주의 · 인권 · 안전 · 환경 · 노동권 등을 위해 기업 활동에 가하던 규제를 하나씩 철폐하는 것이다. 돈벌이에 도움이 되는 것은 유지하거나 만들되, 도움이 되지 않는 것은 과감히 없애라는 것이다. 결국, 자본의 자유화를 위해 탈규제를 한다는 것은 민주주의와 정면으로 배치된다. 세계화가 이뤄지는 세계 곳곳마다 풀뿌리 민중의 저항 또는 항쟁이 벌어지는 것은 결코 우연이 아닌 셈이다.

셋째, 사유화privatization란 기존의 공공부문 또는 국영부문을 민간 사업자에게 헐값으로 넘기는 것이다. 전기 · 철도 · 가스 · 에너지 · 물 등과 관련된 공공 사업체나 복지 분야를 더 이상 공익의 원리가 아니라 이윤의 원리로 바꾸는 것이다. 이것을 대개 '민영화'라 표현은 하지만 사실상 이는 사유화에 불과하다. 물론 국영이나 공영이라는 이름으로 관료들이 통제하는 것을 일반 민간에 이양한다는 것은 탈관료화라는 관점에서 바람직한 면은 있지만, 그것이 풀뿌리 민초들에 의한 민주적 통제의 방향이 아니라 민간 자본에 의한 통제의 방향으로 가는 것이기에 결국은 복지와 공공성이 훼손된다. 그것은 한편으로 빈부 격차를 더 심화할 뿐 아니라, 사회 전체적으로는 민주주의의 후퇴, 그리고 삶의 질의 저하를 부른다. 일례로, 영국이나 일본의 철도 민영화는 엄청난 가격 인상과 서비스 이용자의 '빈익빈 부익부'로 이어졌고, 미국의 전력 민영화는 2000년 캘리포니아, 2003년 뉴욕시의 블랙아웃(대규모 정전)으로 이어졌다.

　　넷째, 유연화flexibilization란 대개 기업 경영의 유연화 또는 인간 노동력의 유연화를 뜻한다. 기업 경영의 유연화는 기업의 생산이나 유통의 구조를 전세계적 차원에서 유연하게 재편하는 것이다. 기업의 입장에서 사업을 벌이고 있는 어느 나라에서 규제가 심해진다든지 임금이 올라간다든지 해서 문제가 생기면 얼마든지 다른 곳으로 자유롭게 이동할 수 있는 가능성을 높이는 것이다. 운송비의 급격한 감소나 정보화 기술의 발달은 그런 가능성을 극대화한다. 한편, 인간 노동력의 유연화란 여러 차원에서 노동자를 쉽고 편하게 사용할 수 있게 하는 것이다. 그러나 이러한 유연화란 노동 입장에서는 역설적으로 '삶의 경직화'를 부른다. 정리해고나 비정규직으로 대변되는 수량적 유연화나 자본의 필요에 맞게 변덕스럽게 편성되는 기능적 작업 배치, 그리고 자본을 위해 얼마나 성과를 내는지에 따라 보상받는 시스템으로 말미암아 노동자의 삶이 더욱 자본에 종속되기 때문이다. 특히 노동자 입장에서는 경쟁의 세계화가 이뤄지는 것이기에 이제 국가나 기업, 노동조합의 보호 방벽이 거의 사라지고, 각 개별 노동자 스스로가 세계 시장에서 경쟁해야 하는 양상이 벌어지고 있다. 노동자로서는 갈수록 힘들고 피곤할 수밖에 없는 현실로 변하고 있는 것이다.

세계화 시대의 노동은 어떻게 될까

영국과 미국에서는 1980년대부터, 한국에서는 1990년대 이후부터 본격화한 '신자유주의 세계화'는 단순한 경제적 세계화를 넘어 정치·사회·문화 등 모든 삶의 영역에서 세계화를 추동한다. 그런데 이 세계화가 인간 노동과 맺는 관련성을 둘러싸고 크게 두 가지 상반된 입장이 있다.

하나는 세계화가 인간 노동이나 사회를 '업그레이드$_{up\text{-}grade}$'시킨다는 것이고, 다른 하나는 노동과 사회 전반을 '바닥을 향한 경주$_{race\ to\ the\ bottom}$'로 내몬다는 것이다. 물론 어느 입장이나 세계화와 노동의 관련성을 지나치게 단순화한다는 위험이 있을 수 있다. 하지만 이러저러한 견해에도 불구하고 크게 위와 같은 두 축으로 입장이 갈라진다는 것은 확실하다. 그리고 우리의 현실은 위 두 축 중에서 어느 하나로 모아지는 경향이 있다.

먼저 '업그레이드$_{up\text{-}grade}$' 이론을 보자. 이 입장은 아무래도 세계화를 통해 이득을 얻는 진영들, 특히 자유 시장 원리를 옹호하는 (신)고전주의 경제학자들이나 자본력과 기술력이 높은 대기업, 그리고 그들과 이해관계를 같이 하는 정치 집단들에서 많이 나왔다. 그리고 일부 온건 사회민주주의자나 자유주의자 가운데서도 세계화의 부정적 측면을 부정하지는 않지만, 긍정적 측면을 더 많이 강조하는 학자도 있다. 대표적으로, 사회학자 앤서니 기든스는 "1970년대 중반 이후 남유럽, 라틴아메리카, 동유럽, 아프리카, 아시아 등 비서구 지역에서 확산된 민주화의 물결 배후에는 세계화 현상이 있다"고 본다. 이들에 따르면 세계화는 국가간 교역의 증대를 통해 '상호 이익'을 증진시키며 결과적으로 세계적 차원에서의 부도 증가하게 된다고 한다. 특히 세계 경영에 나선 대기업이나 선진 부문, 상류층이 이득을 얻게 되면 그 부가 자연스럽게 온 사회로 흘러넘쳐 중소기업이나 영세 부문, 중하층도 이득을 얻게 된다고 본다. 이른바 '트리클다운trickle-down 효과'가 나타난다는 것이다. 보다 구체적으로 말하면 세계화가 진행되면 각 나라의 노동자와 소비자들은 세계 각국으로부터 수입되는 재화와 용역을 보다 값싸게, 보다 다양하게 향유할 수 있다. FTA가 체결되면 수입 와인을 싸게 구매할 수 있다는 식의 이야기가 그런 예이다. 동시에 각 나리가 세계적 차원에서 경제 활동을 활성화하면 새로운 고용이 창출될 것이고, 소득이 증가할 것이며, 지역 사회도 발전한다는 것이다. 예컨대 2006년부터 한미 FTA 협상 추진 과정에서 한국 정부는 "한미자유무역협정을 체결하면 한국의 GDP가 7%나 증가할 것이고 대미 수출도 15%나 증가하여 고용 창출 또한 55만 명에 이를 것"이라 전망한 바 있다. 그리고 세계화를 진전시켜 경제를 활성화하면, 전에는 가정에만 머물던 여성들이 노동시장에 진출하게 되어 사회경제적 지위가 올라가고 여성 해방이 이뤄질 수 있다고 본다. 이 이론에 따르면 기존의 민족국가 내지 국경을 넘어 이른바 '글로벌 스탠더드global standard'라고 하는 선진적인 기준이 세계 각국에 적용됨으로써 정치 풍토나 경영 방식, 나아가 노동의 질이 향상up-grade될 수 있을 것이다. 나아가 경제적 세계화를 통해 세계 각국의 정치적·사회적·문화적 '상호 의존성'이 증가하면 공존공영 의식이 확산될 것이고, 그렇게 되면 세계 평화에도 이바지하게 될 것이다. 특히 범지구적인 이슈들, 예컨대 환경문제나 인권문제, 빈곤문제 등에 대한 관심이 전세계로 확산되면서 그 해결이 더욱 쉬워질 것이다. 그런 식으로 범지구적 교류와 소통이 증진되면 일종의 '세계 시민 사회'가 형성되면서 지구촌 차원에서 민주주의가 더욱 발전하게 될 것이다.

다음으로, '바닥을 향한 경주race to the bottom' 이론을 보자. 이 입장은 세계화 물결 자체가 불가피한 시대적 사명 또는 대세가 아니라 특정한 정치적·사회적 세력 관계의 산물이라 본다. 즉, 오늘날 세계화는 제2차 세계대전 이후 유럽과 아메리카 각국에 정착된 복지국가 자본주의가 여러 가지 모순으로 위기에 빠지자 그 돌파구로 글로벌 자본주의가 탄생하면서 만들어진 것에 불과하다는 것이다. 이 입장에 서 있는 이들은 케인스주의 경제학자나 비판적 사회과학자, 사회민주주의 정치가나 이론가 등이다.

이 시각에 따르면, 세계화에서 투자·생산·교역·유통·소비 등이 증진되는 것은 맞지만 이미 국가간에 위계질서 내지 권력 관계가 확고하게 자리 잡혀 있기에, 각국 사이에 상호 이익이

 12장 세계화, 절망의 노동과
희망의 노동

커진다기보다는 특정한 나라 또는 특정한 계층만이 이익을 보게 된다. 반면에, 나머지 대다수는 희생자로 전락한다. 예컨대, 선진 강국은 자유무역이나 투자 자유화로 이득을 보지만 중·후진국 또는 개발도상국은 자립 능력의 향상을 위해 추진하던 특정 산업에 대한 보호 장치나 수입대체산업 육성 등을 포기해야 한다. 과거 우리나라가 소수 대기업을 보호하며 키워온 것 같은 일을 하지 못하게 되는 것이다. 또, 다국적기업과 같은 대자본은 이득을 보지만, 그 하청업체로 있는 중소·영세기업은 희생자가 되며, 그에 소속된 노동자들 역시 기업의 운명과 궤를 같이 하며 몰락한다. 특히 여성들은 지구적 자본주의와 가부장주의라는 이중의 굴레 속에 더욱 고통 받는다. 최종적으로는 선

진국이나 후진국을 가리지 않고 자연 생태계가 말없는 희생자로 전락한다.

또, 어느 사회경제 시스템의 선진 부문이 세계화로 이득을 얻더라도 농업이나 복지 부문 등은 아무 이득을 얻지 못하거나 오히려 찬밥 신세로 전락하기 쉽다. 또, 상류층의 극소수 사람들은 갈수록 부자가 되지만, 중하층의 대다수는 갈수록 사회적 지위가 저하하고, 생계 문제에 허덕인다. 마침내 '빈곤의 세계화'가 진행된다. 요컨대, 극소수의 기득권층을 위해 온 사회가 희생을 하는, 다시 말해 자연과 인간 등 온 사회로부터 생명력을 체계적으로 추출·흡수하여 극소수의 승자가 독점하는 '사이펀siphon 효과'가 나타난다는 것이다. 앞서 말한 '트리클다운'

효과가 위에 있는 기득권층의 이익이 아래로 흘러내려간다는 이론인데 반해, 사이펀 효과는 정반대로 하층 계층의 이익을 기득권층이 빨아올린다는 것이다.

이 입장에 따르면 세계화의 진전과 더불어 각국의 노동자와 소비자들은 '20대 80'으로 양극화하고 사회 갈등이 증가한다. 즉, 20% 정도의 상류층은 고부가가치 노동과 풍요로운 소비를 즐기며 살 수 있지만, 나머지 80%의 사람들은 실업과 비정규직 사이를 왔다 갔다 하며 불안정하게 살아야 한다. 이들은 많은 경우, 일자리가 있어도 빈민으로 살 수밖에 없는, '노동빈민 working poor'으로 전락한다. 세계화 물결 속에서는 설사 GDP로 평가되는 경제 규모가 성장하더라도 새로운 고용 창출은 거의 없거나 그나마 있던 일자리까지 타국으로 수출하는, 이른바 '고용 없는 성장' 시대가 온다. 즉, 일자리 증가나 일자리의 질 향상은 거짓 선전에 불과하다. 오히려 구조조정으로 인한 정리해고 물결, 그리고 비정규직의 확산, 과로와 산재, 일중독의 증가 등이 노동의 질 또는 노동생활의 질을 갈수록 하향평준화down-grade한다. 심지어 어린이 노동이나 노예 노동조차 사라지기는커녕 늘고 있는 형편이다. 민중의 통제를 떠난 시장 권력 때문에 민주주의와 삶의 질이 현저히 훼손되는 셈이다. 요컨대, 세계화는 우리의 삶이나 노동에 대해 '바닥을 향한 경주race to the bottom'를 강요한다.

물론, 현실은 반드시 두 가지 입장 중 하나와 꼭 일치하는 것은 아닐 것이다. 하지만 과연 현실은 이 두 가지 입장 중 어느 쪽에 더 가깝게 다가가고 있는가? 도대체 그러한 변화의 배후에는 무엇이 도사리고 있는가? 독자들이 이 책을 통해 판단을 할 수 있기를 바란다.

추락하는 노동

그러면 세계화, 정확하게는 신자유주의 세계화는 어떤 방식으로 통해 인간의 노동세계를 변화시키고 있을까? 여러 가지 설명이 가능하겠지만, 여기서는 가장 중요한 세 가지 메커니즘을 간략히 살핀다.

첫째, 경쟁이 전세계적으로 더욱 치열해지면서 인간 노동력끼리의 경쟁도 심해진다. 여러 가지 좋은 시도들에도 불구하고 갈수록 '바닥을 향한 경주'가 일어나기 쉬운 까닭이다. 일례로, 각 나라의 각 기업들은 노동 능률을 높이고 노동 비용을 줄이기 위해 '노동유연성'을 강화한다. 정리해고나 비정규직이 예사로 늘어날 수밖에 없다. 살아남은 자들은 교대제나 순환 근무, 대체 투입 등이 증가하면서 노동이 더 고돼진다. 한편, 기업의 울타리나 사회의 제도적 장치들이 수행했던 보호막 역할이 없어지면서 개별 노동자들이 곧바로 경쟁의 한복판에 서게 됐다. 이제 각 개별 노동자는 각자가 마치 사장인 것처럼 또는 경영자인 것처럼 행동해야 한다. 갈수록 경쟁이나 이윤 논리를 내면화하고 건강이 망가질 때까지 자신을 혹독하게 채찍질하는 일중독이 갈수록 퍼지는 배경이다. 게다가 세계화 시대에도 노동력은 자유롭게 이동할 수 없지만 자본의 이동은 각종 투자 협정이나 무역 협정 등으로 말미암아 더욱 쉬워진다. 그렇게 되면 기존의 노사간 관계가 자본에 더욱 유리하게 재편된다. 노동자나 노동조합이 어떤 요구를 내걸고 투쟁이나 협상을 요구하면 자본은 공장 문을 닫고 훌쩍 떠나면 그만이라는 식으로 대응한다. 노동자로서는 울며 겨자먹기로 참고 일하게 되는 수가 많다. 이런 식으로 각 기업이 더욱 배짱을 부리면서 노동자의 처지는 악화일로로 치닫는다.

다음으로 들 수 있는 것이 자본의 세계화 그 자체다. 자본은 돈벌이를 위해 온 세상을 무대로 활발히 움직이는데, 각종 개발 프로젝트 또는 공업단지 설립이 대표적인 사업들이다. 수많은 기업들은 동남아나 아프리카, 남미 등지에 대규모 농장이나 축산 단지를 만들어 사업을 벌인다. 광산을 개발하기도 한다. 이 과정에서 수천 년 이상 토착적으로 살아오던 지역 공동체가 해체되고 사람들은 뿔뿔이 흩어진다. 일부 돈맛을 아는 약삭빠른 자들은 자본에 빌붙어 이익을 챙기지만 대부분은 희생자로 전락한다. 오래 살아온 공동체에서 더 이상 삶의 전망을 발견하기 어려운 사람들은 도시로 또는 해외로 노동 이민을 떠난다. 고향을 등지는 이주노동자가 전세계적으로 증가하는 이유다.

게다가 자본의 이동에 따라 관리자나 기술자들도 같이 이동하기 때문에 해외 파견 직원도 증가한다. 그리하여 자본의 이동을 따라, 또는 그 이동에 역행하여 사람들도 이동하게 된다. 뿌리를 잃은 유동 인구가 급증하면서 공동체적인 관계들이 심하게 흔들린다. 물론 새로운 곳에서 새로운 방식으로 공동체적 관계를 복원하려는 움직임도 여기저기서 일어나지만, 한 번 부서진 관계망의 복원은 말처럼 쉽지 않다.

끝으로 금융자본의 세계화와 금융화 경향으로 인한 부채 증가 문제를 들 수 있다. 이르게는 1970년대 이후부터 늦어도 1990년대 이후로 수많은 금융권 기업체들(은행, 투자회사, 보험회사 등)이 그야말로 '돈 놓고 돈 먹는' 세상을 만들어왔다. 실물 경제와 유리된 금융 경제가 거품에 거품을 만들어내면서 날로 팽창해왔다. 실제로 존재하지도 않는 가치들, 예컨대 기대 수익이나 기대 위험, 내면의 두려움 같은 것을 상품으로 포장하여 사고팔고 하는 시장을 키웠다. 오늘날 하루에도 수십조 달러의 돈이 온 세상을 돌고 있지만 실제로 국제 간 무역 결제를 위해 쓰이는 돈은 5%도 되지 않는다. 대부분은 투기성 자본들이다. 어떤 이들은 이런 모습의 자본주의를 가리켜 '카지노 자본주의'라 부르기도 한다.

이제는 일하는 사람들, 즉 노동자조차 얼마 안 되는 돈을 가지고 시세차익을 노리는 투기꾼으로 변화하도록 강요받을 지경이다. 예를 들면 노동자들도 자기 돈은 얼마 되지 않더라도

 12장 세계화, 절망의 노동과
희망의 노동

은행 융자를 내어 비싼 집을 사는 경우가 있다. 몇 년 지나면 집값이 올라 시세차익을 남기고도 빚을 모두 갚을 수 있다고 믿기 때문이다. 은행도 그런 분위기를 조장하면서 적극 대출을 권장한다. 물론 한동안은 그렇게 '누이 좋고 매부 좋은' 상황이 계속되기도 한다. 하지만 어느덧 부풀었던 거품이 꺼지기 시작하면 '모두' 망한다. 부동산을 담보로 돈을 빌려주면서 실속을 잘 챙기기 때문에 아주 망하는 경우는 별로 없지만, 그럼에도 불구하고 1990년대의 일본이나 2008년의 미국의 경제 위기처럼 모든 것이 얼어붙을 수 있는 것이다.

역설적이게도 국가 개입을 없애고 시장을 자유롭게 내버려 둬야 한다고 강력히 주장하던 금융기관이 파산 물결에 처하자, 정부는 난국을 수습하기 위해 '국유화' 형식을 빌려 공적 자금을 대거 투입했다. 그토록 국가의 경제 개입을 싫어하던 자본이 위기에 몰리자 입을 싹 씻고는 전혀 다른 얼굴을 하고 나타난 것이다. 그렇게 들어간 공적 자금은 국가 부채가 되고 그것은 결국 공공복지 삭감이나 세금 증가 등으로 이어지면서 노동자의 짐이 된다. 반면에 기업에 대한 세금은 경제 활성화라는 명목으로 오히려 내리는 형국이다.

한편, 그러한 거품 경제 또는 카지노 자본주의에서 일확천금을 꿈꾸던 보통 사람들은 하루아침에 빚더미에 시달리게 된다. 오늘날은 대학생들조차 비싼 등록금을 빚으로 대출하기도 한다. 이런 식으로 학생이든 노동자든 농민이든 모두 빚더미에 올라앉는다. '부채의 세계화'가 이뤄지고 있다는 경고는 결코 과장이 아니다. 일할 수 있는 사람이 빚을 진다는 것은 결국 내가 오늘과 내일 열심히 일해봤자 그 결과물은 내 것이 아니라는 말이므로, 다른 말로 자신의 미래를 미리 저당 잡히고 사는 셈이라고 할 수 있다. 이런 사람들에게 삶의 희망이 있을 리 만무하다. 이것이 우울증이나 스트레스, '묻지마 범죄'에서 나타나는 공격성과 폭력성, 급기야 자살이 갈수록 증가할 수밖에 없는 배경이다.

이런 식으로 오늘날 노동의 세계는 희망보다는 절망, 삶의 기쁨보다는 삶의 불안이 증가하는 방향으로 가고 있다. 결국, 빈곤과 실업이 퍼지는 세계화가 아닌 삶과 노동의 질을 향상시키는 세계화를 추구하는 것이, 더 이상 경쟁과 이윤을 기본 원리로 작동하는 돈벌이 경제가 아닌 소통과 협력을 기본 원리로 하는 살림살이 경제를 만들어내는 것만이 세상을 구하는 지름길인 셈이다.

노동의 미래는 어떻게 될 것인가?

이제 노동에 관한 이 이야기를 정리할 시점이 되었다. 지금까지 노동의 지위나 사회적 권리 등은 노동운동의 진행 양상에 따라서 올라가고 내려가기를 반복해왔다. 최근에는 신자유주의 세계화 물결 속에 노동자에 대한 공격이 거세지면서 노동 진영이 위기에 몰린 상황이다. 이런 맥락에서 과연 노동의 미래는 어떻게 될 것인가를 질문해보는 것은 의미 있는 일이다.

노동의 미래와 관련, 여러 가지 시나리오가 가능하겠지만 가장 많이 논의되는 것을 두 가지만 살펴보자. 첫째가 바로 기술 유토피아적인 전망인데, 인간은 가능한 한 노동을 적게 하고 삶의 여유를 즐기는 반면 대부분의 노동은 기계나 기술 시스템이 다 수행한다는 것이다. 얼핏 보면 대단히 바람직한 전망인 것처럼 보인다. 그러나 바람직하다고 해서 저절로 현실이 되는 것은 아니다. 왜냐하면 기술 및 기계의 적용은 사회적 관계들이 어떠한가에 따라 그 결과가 많이 달라지기 때문이다. 기술이 노동시간을 줄이는 식으로 사람을 더 편하게 만드는 방향으로 이용될 수도 있고, 기술이 노동자의 일자리를 빼앗고 일하는 사람을 더 괴롭게 만들 수도 있다.

그렇다면 오늘날의 사회적 관계들은 어떠한가? 이제까지 봤듯이 자본과 권력이 협력하면서 세력관계가 자본 측에 유리한 상황이며 보통 사람들도 자본의 논리에 더 순응하는 편이다. 모든 삶의 과정들이 돈벌이 중심으로 진행될 뿐 아니라 갈수록 사람들은 자신의 생존을 위해 옆 사람을 돌보지 않으려는 경향을 띤다. 사회적 약자에 대한 공감을 토대로 새로운 사회 변화를 꾀하기보다는 오히려 사회적 약자를 무능하다고 낙인찍기조차 한다. 이런 사회적 관계 속에서는 아무리 훌륭한 기술 시스템일지라도 바람직한 결과를 가져오기 어렵다. 오히려 감시 기술이나 통제 기술만 증가할 뿐이다. 그것도 일방적으로 말이다. 이런 점을 감안한다면 앞의 기술 유토피아적 전망은 오히려 노동하는 사람들을 자본의 필요에 맞게 끌어들이기 위한 속임수에 가깝다.

둘째는 바로 그러한 자본의 이데올로기(거짓된 믿음)를 폭로하면서, 그리고 눈앞에 진행되는 실제 현실을 냉철하게 직시하면서 등장한 입장인데, 한마디로, 노동의 미래는 '절망적'이라는 것이다. 이 말만 보면 세상이 금방이라도 망할 것처럼 보이고 갑자기 앞날이 캄캄해지는 것 같기도 하다. 하지만 노동의 미래가 절망적이라는 말은 이중의 의미를 담고 있다. 하나는 사회적 대우라는 관점에서 하는 말로, 지금과 같은 노동의 현실이 계속 전개되면 결국은 극소수의 우대받는 노동자와 대다수의 버림받는 노동자로 갈라질 것이기에 절망적이라는 것이다. 이른바 '20 대 80 사회'라는 말이나 '1% 대 99% 사회'라는 말이 바로 그런 절망적 상황을 단적으로 표현한다. 많이 보아도 이 사회 구성원의 20%, 적게 보면 오직 1% 정도만이 사회적 부와 권력 따위를 독점하고 나머지 대다수는 날마다 아등바등 살아야 한다는 진단이다. 그러니 무슨 희망이 생기겠는가?

그리고 절망적이라는 말의 또 다른 의미는 노동의 의미라는 관점에서 하는 말로, 더 이상 노동을 통해 삶의 의미를 찾기가 어렵다는 말이다. 기존 노동운동은 대체로 '노동 중심성'을 강조해왔다. 그것은 노동자가 중심이 된 새로운 세상을 꿈꾸던 시대의 이야기다. 사실, 자본주의 사회에서 가장 많은 비중을 차지하는 사람들이 노동자이고 또 노동자가 일을 하지 않으면 세상이 돌아가질 않는다. 바로 이런 의미에서도 '노동 중심성'을 강조하는 것이 부당한 일은 아니다. 하지만 그렇다면 농민이나 농사는 중요하지 않은가? 인간 노동이 가해지지 않은 상태의 자연 생태계 또한 값을 매길 수 없는 소중한 가치를 지니고 있다. 문화예술가도 또 다른 의미에서 중요하다. 게다가 한 개인의 삶을 영위하는 데 직장노동만이 중요한 것은 아니다. 여가도 중요하고 가족이나 이웃, 친구관계도 중요하다. 한마디로, 삶은 총체적이다. 그러니 노동만을 지나치게 강조하는 것은 어쩌면 그동안 노동이 핍박받고 소외된 데 대한 피해의식이 지나치게 발로되는 것인지도 모른다.

특히 새로운 세상을 만들어 모두가 평등하고 자유롭게 살도록 만들겠다던 예전의 구호는 사라지고, 이제는 혼자 살아남기 위해 옆 사람을 팔꿈치로 치며 앞만 보고 달려야 하는 '팔꿈치 사회' 또는 자본이 시키건 시키지 않건 스스로 쓰러질 때까지 자기착취까지 일삼는 '피로 사회'가 되어버렸다. "만국의 노동자는 하나"라면서 민족과 국가의 경계선을 넘어서자고 했지만 오히려 갈수록 민족과 국적에 갇혀 서로 경쟁하기에 급급하고, 여성 차별이나 학력 차별을 극복하기는커녕 이를 악용하고, 갈수록 비정규직 문제나 이주노동자 문제가 심각해지고 있다. 이런 의미에서 보더라도 향후 노동의 전망은 절망적이다. 어쩌면 자본의 품에 기댄 노동은 그 자체로 절망적인 것이 아닐까? 왜냐하면 자본은 그 자체가 이윤의 생산을 위해 온갖 생명을 훼손한다는 의미에서 본질적으로 파괴 성향을 나타내기 때문이다.

그러나 바로 이 절망적 상황이야말로 희미하게나마 새로운 전망이 생길 출발점이 되기도 한다. 근대 중국의 사상가 루쉰 선생은 "희망은 허망하다. 절망이 그러한 것처럼"이라고 말했다. 어쩌면 절망이나 희망이나 모두 망상의 산물인지도 모른다. 그러니 현실의 고통이나 절망이 크다고 해서 서둘러 희망을 이야기하는 것은 현실 도피이거나 좌절의 또 다른 반영일 수 있다. 절망적 상황일수록 성급한 희망을 말하기보다 오히려 철저히 절망하고 슬퍼할 필요가 있다. 그리하여 임기응변적으로 희망을 말하거나 땜질처방 식의 대안을 내세우는 것은 또 다른 절망을 부를 것이라는 것까지 꿰뚫어보아야 한다. 마침내 우리는 보다 근본적인 해결책을 향해 스스로 걸어가야 하고 더불어 걸어가야 한다. 루쉰 선생의 말처럼 "길은 있다고도 할 수 있고 없다고도 할 수 있다. 원래 길이 있었기 때문에 가는 것이 아니라, 우리가 걸어가다 보면 길이 생기는 법이다". 이런 자세로 현실 문제에 대처하는 가운데 보다 근원적인 해법, 보다 장기적이고 보다 지속가능한 해법, 보다 보편적인 해법을 찾아 나서야 한다.

이런 의미에서 우리는 자본이나 권력이 선전하는 기술 유토피아적 전망도, 노동 진영이 내다보고 있는 절망적 전망도 모두 넘어가야 한다. 그것은 자본이나 국가, 시장이나 권력이 제시하는 그 어떤 해결책도 결코 인간의 보편적 행복을 추구하는 것은 아니기 때문이다. 그렇다면 시장의 길도 아니고 권력의 길도 아니라면 도대체 참된 제3의 길은 어디에 있을까?

그것은 확실히 우리 자신, 즉 자율의 길 속에 있을 것이다. 그것은 우리 스스로 나서서 사람과 사람, 사람과 자연이 더불어 사는 공동체를 직접 만들어가는 것이다. 그것은 자율·자치·자립의 길이면서 소통·우애·협동의 길을 여는 것이기도 하다. 물론 이 제3의 길은 하루아침에 닦이는 것도 아니요, 저절로 열리는 것도 아니다. 오랜 세월에 걸쳐 우리가 체계적으로 준비해야 가능한 길이다. 그 준비란 기업과 권력이 초래하는 사회적 황폐화에 저항하면서도 보편적 행복을 가능하게 할 대안을 함께 실천하는 것이다. 저항은 현실을 바꾸는 것이며 대안은 미래를 준비하는 것이다. 저항하면서도 그 사이 창조적 대안을 추구하고, 대안을 실험하는 도중에도 현존하는 기득권 체제에 효과적으로 저항하는 것을 '저항과 대안의 변증법'이라 할 수 있다.

저항과 대안의 변증법 가운데는 성찰이 있다. 상호 이해와 공감의 능력을 키우면서도 성찰적인 대화를 하게 되면 분명히 저항과 대안을 모두 잘 진행할 수 있을 것이다. 이러한 과정이 루쉰 선생이 말한 "만들어 가는 길"이 될 것이요, 그런 과정에서 우리는 절망의 한복판에서조차 결코 포기하지 않고 한 걸음 한 걸음 전진하게 될 것이다. 아무리 힘든 길이라도 여럿이 함께 가면 즐거울 것이고, 혼자서 하는 경우 꿈으로 끝날 일도 여럿이 함께 끝까지 가면 언젠가 분명히 현실이 될 것이다.

즐겁게 일하고
행복하게
살아가기

대개 노동운동 진영에서는 '노동해방'이라는 말을 많이 써왔다. 해방이라는 말이 궁극적인 자유를 뜻한다면 노동해방이란 결국 노동의 자유가 된다. 이 노동의 자유란 무엇일까? 노동 안에서의 자유일까 아니면 노동으로부터의 자유일까? 아니면 노동을 맘대로 할 자유일까?

봉건시대로부터 자본주의 시대로 이행하던 시기에 나온 사상이 '자유민주주의' 사상이다. 1776년에 나온 애덤 스미스의 『국부론』이 그 대표 저서라고 할 수 있다. 이 자유민주주의란 말로만 보면 가장 보편적인 이념을 표현하는 듯하지만 사실은 중소 상공인 계층, 즉 신흥 부르주아 계급의 입장에서 본 자유였고 그들만의 민주주의였다. 그들의 자유란 결국 영업의 자유, 즉 상업이나 공업의 자유를 뜻했다. 그래서 국가의 간섭이나 종교의 간섭을 배제하고자 했고 시장의 자유, 경쟁의 자유를 외쳤다. 이 모든 것은 결국 돈벌이의 자유로 귀결되었다. 그리고 그들의 민주주의란 돈벌이를 하는 상인이나 기업인이 그들의 이해를 관철하기 위한 정치 체제를 말하는 것이어서 대개는 의회 안에서 다수를 차지해 자신들의 뜻을 이루려는 방식이었다. 그 과정에서 노동자나 농민, 여성이나 청소년의 입장은 배제되거나 도외시되기 일쑤였다. 따라서 앞에서 말한 노동의 자유, 노동해방이란 자유민주주의 사상으로는 결코 실현될 수 없다.

그렇다면 과연 노동해방이란 무엇을 뜻하며 어떻게 성취가 가능할까? 가장 먼저 확인할 것은 노동의 자유, 노동해방이란 결코 하루아침에 이뤄지는 결과가 아니라는 점이다. 그것은 일시적인 결과라기보다는 지속적인 과정이다. 그렇다. 과정으로서의 삶, 바로 이 관점이 노동해방을 이해하는 데도 필수적이다. 그렇다면 노동해방의 과정에는 어떤 과정들이 포함되어 있을까? 노동력을 팔아 먹고살 수밖에 없는 노동자들이 비록 자본주의 사회라는 틀 속에 살고는 있지만, 그 속에서 할 일을 하면서도 서서히 그 틀 자체를 넘어설 때라야 비로소 노동해방의 빛이 보일 것이다. 그런 점에서 첫째로 노동을 할 자유, 둘째로 노동 안에서의 자유, 셋째로 노동을 하지 않을 자유, 이 세 차원이 노동해방의 과정을 이룰 것이다.

첫째, 노동을 할 자유란 단순히 취업의 자유만을 뜻하지 않는다. 그래서 서둘러 직업소개를 하거나 능력개발을 해서 스펙을 쌓도록 해야 한다는 말이 아니다. 이것은 생산수단인 땅이나 도구, 공동체 따위를 박탈당한 상태에서 온전히 자신의 몸뚱이(육체적·정신적·감성적 능력)를 팔아야만 하는 노동자들이 생계 활동만이 아니라 생명 활동으로서의 노동(1장 참조)을 할 권리가 있다는 말이다. 그래서 어쩌면 고용불안과 대량실업 상황에서 모두가 취업에 목을 매는 오늘의 사태야말로 가장 노동의 자유가 없는 상황이 아닐까 한다. 누구든 이 세상에 태어나 성장하고 학습을 하고 나면 자신이 원하는 일을 할 수 있는 상황, 그런 사회가 와야 한다. 노동에 대한 자유로운 선택권이 실질적으로 보장되는 것, 바로 이것이 노동의 자유, 노동해방이 구현되는 것이 아닐까.

둘째, 노동 안에서의 자유란 누구든 자신의 일자리 또는 일터에서 자신의 의견을 말하고 반영할 수 있는 것, 자신의 노동에 대해 차별받지 않고 정당한 대우를 받는 것, 안전하고 신바람 나게 일하는 것, 일을 통해 자아 발전이나 자아실현을 느낄 수 있는 것이다. 그렇게 되려면 한편으로는 노동자의 시민권이 실질적으로 보장되어야 하고 다른 편으로는 노동자의 복지권이 실질적으로 보장되어야 한다. 전자를 위해서는 사장 등 경영진을 노동자들이 직접 선출하는 등 경영의 민주화가 이뤄지는 것이 바람직하다. 여기에 대해서는 김상봉 교수의 『기업은 누구의 것인가』라는 책에서도 진지하게 논의된 바 있으므로 참고하면 좋을 것이다. 최소한, 독일이나 스웨덴 등 유럽식의 노사 공동 결정 제도가 전면적으로 실시될 필요가 있다. 후자를 위해서는 무엇보다도 노동효율의 증가와 더불어 노동시간을 지속적으로 줄여나가면서 주거·육아·교육·노후 등 삶의 필수적인 분야에 대해 개인이 아닌 사회가 해결하는 방향을 모색해야 한다. 다시 말해, 모두 일하되 조금씩 일하는 사회를 만들면서도 삶의 주요 문제들을 온 사회가 함께 해결하는 방식으로 가야지만 비로소 온전한 노동복지가 구현된다. 이런 식으로 노동자의 시민권과 복지권이 동시에 이뤄질 때 비로소 우리는 노동 안에서의 자유, 노동해방을 말할 수 있게 된다.

셋째, 노동을 하지 않을 자유란 더 이상 임금 종속적인 노동을 함으로써 사실상의 '임금 노예'로 살아가는 것을 거부하는 것이다. 두 가지 방법이 있다. 하나는 가능한 한 임금노동을 최소화하는 방법이다. 가장 오래된 제안 중의 하나가 하루 4시간 노동이다. 카를 마르크스의 사위인 폴 라파르그가 그런 제안을 했고 버트런드 러셀이 그랬으며 앙드레 고르와 스코트 니어링도 같은 생각을 했다. 하루아침에 될 일은 아니지만 나침반으로 삼을 만한 아이디어다. 그렇다. 스코트 니어링의 아이디어에 따르면, 주로 우리가 활발히 움직이는 하루 12시간을 세 단위로 나누어 '4시간 노동, 4시간 학습, 4시간 친교'로 쓰는 사회를 가장 이상적이라 할 수 있다. 스코트 니어링 부부가 가장 자본주의적인 미국에서 직접 실천했던 바이기도 하다. 노동 거부의 두번째 방식은 임금노동이 아닌 자유 활동을 하는 것이다. 사실, 오늘날 우리는 평균 80년을 산다지만 생후 20년 가까이 공부를 해야 하고, 다음으로 40년 가까이 노동을 해야 하며, 비로소 20년 정도 노후 생활을 편안하게 즐기다가 삶을 마감하고자 한다. 이런 인생 시간표 아래서는 날마다 '오늘 행복을 내일로 미루는' 식으로 살다가 인생 다 보내고 만다. 그러니 날마다 삶을 즐기면서 행복하게 살려면 돈을 벌기 위해 자신의 육체적·정신적·감성적 역량을 상품처럼 내다팔고 내 의지와는 무관하게 복종하고 충성하는 삶을 살 것이 아니라 아예 처음부터나 자신의 자유의지 내지 소망을 관철하기 위해 살 수 있어야 한다. 그렇게 되면 보통 우리가 목을 매는 일류대학이나 일류직장을 위해 강박적으로 살 필요가 없다. 이제 필요한 것은 일류 '인생'이다.

일류 인생에는 세 가지 요소가 있다. 첫째는 꿈의 발견이다. 내가 재미를 느끼는 것, 또는 재주가 있는 것, 아니면 의미를 느끼는 것에 착안하여 꿈을 정립하면 된다. 이를 위해서는 다양한 체험이 필요하다. 여행도 좋고 독서도 좋고 알바도 좋으며 대화도 좋다. 그러는 가운데 자신의 삶에 대해 사색하고 성찰할 수 있을 것이다. 시간이 필요하다면 '진로탐색기간'을 가질 수 있다. 어차피 인생은 속도전이 아니다. 인생은 속도나 높이가 아니라 과정과 느낌이다. 이런 인생관을 갖게 되면 느긋하게 갈 수 있다. 그렇게 자신의 깊은 내면에서 저절로 우러나는 꿈을 정하게 되면 삶의 목표 의식이 생긴다.

둘째, 실력 증진이다. 내가 하고 싶은 일, 살고 싶은 삶의 방향을 찾았다면 이제부터는 꾸준히 실력을 증진해야 한다. 그 분야에 훌륭한 스승이 있는 곳이라면 국내외 어디건 적극적으로 찾아 나서야 한다. 어차피 인생은 80년간의 여행이 아니던가. 그 여행 중에서도 자기 내면으로 가는 여행과 자신이 참으로 존경하는 스승을 찾아 떠나는 여행은 가장 신나는 여행이 될 것이다. 꿈이 있고 삶의 목표가 있는 공부란 저절로 신이 나는 공부가 된다. 집중하게 되고 열심히 하니까 실력은 하루가 다르게 발전할 것이다. 여기서 말하는 실력이란 지식과 정보의 차원, 기술과 기능의 차원만이 아니라 지혜와 통찰의 차원을 아우른다. 만약 지혜와 통찰의 차원이 빠진 것이라면 어떤 지식이나 기술도 물거품이 되기 쉽다. 그런 지식이나 기술을 가진 자들은 이반 일리치 선생이 말한 '전문가 백치'가 된다. 그리하여 그들 자신은 세상을 발전시킨다고 말하지만 사실은 세상을 망친다. 그래서 지혜와 통찰이 중요하다. 사회를 알아야 하고 역사를 알아야 한다. 무엇보다 철학과 소신을 올바로 다져야 한다. 그렇게 실력이 증진되면 어느 순간 이제는 세상을 위해 뭔가를 해야 하겠다는 느낌이 저절로 우러나온다.

그래서 일류 인생을 위한 셋째의 요소는 사회 헌신이다. 제아무리 실력자라 할지라도 자신의 행복만 추구한다면, 자기 가족의 행복만 추구한다면 결국은 자기도 망가뜨리기 쉽다. 참된 행복은 자신의 행복을 넘어 사회의 행복을 같이 추구할 때 온다. 자기 행복을 챙기지 않은 채 사회 행복만 추구하는 것도 문제지만, 사회 행복이 빠진 자기 행복 추구는 불구에 가깝다. 그래서 사회 헌신이 필요하다. 자신의 진정한 꿈을 추구하면서 사회 헌신을 하고자 하는 사람은 소박할지라도 생계는 자연스럽게 해결하게 된다. 그야말로 자유 활동을 하면서도 생계를 해결할 뿐 아니라 자아실현 및 삶의 보람을 느끼는 상태, 바로 이것이 참된 노동해방의 길이 아닐까?

　물론 이 정도로 노동으로부터 해방된 사회를 만들기 위해서는 고교 평등화를 넘어 대학 평등화, 그리고 직업 평등화를 이뤄야 한다. 다시 말해 무슨 공부를 하고 나와도, 또 무슨 일을 하건 사회적으로 모두 비슷하게 대접받는 사회를 만들어야 한다는 뜻이다. 그래야 모든 사람들이 진정으로 즐겁게 일하고 행복하게 살 수 있다. 이 말은 오늘날 사람들 간에 순위를 매기는 '사다리 구조' 속 경쟁과 분열을 극복하고 '원탁형 구조' 안에서 소통하고 연대할 수 있는 사회를 만들어야 한다는 것이다. 이 것이 가능하려면 우리가 향유하거나 동경하고 있는 기득권 구조를 철저히 허물어야 한다. 과연 우리는 현재의 사다리 질서 안에서 나 자신 또는 내 자식이 사다리의 계단을 하나 더 올라가는 것을 인생 목표로 삼지 않고 그 대신 원탁형 구조를 만들고자 하는 의지가 있는가? 그런 의지를 가진 사람들이 적극 소통하고 연대할 능력이 있을까? 그리하여 나 혼자만의 일시적 꿈으로 남는 것이 아니라 여럿이 함께 꿈을 꾸고 날마다 꿈을 꿈으로써 진정 그러한 대안사회, 노동해방 사회를 현실로 만들어낼 수 있을까? 물론 어느 하나 쉬운 것은 없다. 그러나 쉽게 할 수 있는 것만 한다고 사태의 본질이 해결되는 것은 아니다. 많은 경우, 쉽게 하려고 하다가 오히려 사태의 본질을 더욱 가리거나 사태를 꼬이게 만들기 때문이다.

바로 여기서 참된 사회 변화의 원리 몇 가지를 짚고 마무리를 하자.

첫째, 바닷물은 짜다. 그러나 바닷물이 짜다고 해서 바다 전체가 소금인 것은 아니다. 바닷물 전체에서 소금은 불과 3% 내지 3.5%뿐이라고 한다. 인간 사회도 그렇다. 100명이 모여 있을 때 그중 향기로운 사람, 지혜로운 사람이 서너 명만 되어도 지혜롭고 향기 나는 모임을 만들 수 있다. '나부터' 시작하면 된다. 나부터 시작하면서 주변에서 뜻을 같이 하는 사람을 모으면 된다. 그렇게 3%가 모여서 30%가 되고, 이 30%가 좀 더 노력해 60%가 되면 이 사회에서 못할 일이 무엇이 있겠는가?

둘째, 우리가 꿈꾸는 사회는 결코 우리가 돈이나 권력을 독점하는 사회가 아니다. 어느 누가 돈이나 권력을 독점하는 것이 아니라 모든 사람이 보편적으로 행복을 찾는 것을 꿈꾼다. 따라서 이런 꿈은 사회적으로 정당성을 지닌다. 누군가 욕을 해도, 누군가 비난을 해도, 누군가 비웃어도 결코 흔들릴 필요는 없다. 어느 여성이 여성 해방을 위해 1인시위를 하고 있었는데 지나던 사람이 "그렇게 해서 세상이 바뀌겠는가?"라고 묻자 그가 이렇게 대답한 사실을 기억하자. "내가 세상을 온통 바꾸지 못할 수도 있다. 하지만 이 세상이 나를 바꾸진 못할 것이다."
그렇다. 이런 현명한 고집이 필요하다. 꿋꿋한 소신을 가진 사
람들이 늘어날수록 세상은 희망이 생긴다. 특히 그 현명한 고집
이나 꿋꿋한 소신이 이 세상의 보편적인 행복을 지향하는 것일
때는 당연히 세상은 우리 편이 될 것이다. 도산 안창호 선생의
말처럼 "진리는 반드시 따르는 자가 있고 정의는 반드시 승리
한다".

셋째, 아무리 해도 세상이 변하지 않을 것 같지만 사실 역사
는 변해왔다. 그 무시무시한 노예제도 무너졌고 그 암흑 같던
봉건제도 무너졌다. 현재의 자본제 역시 변할 것이다. 다만 그
변화가 더딜 뿐이다. 따지고 보면 노예제는 수백 년, 아니 수천
년이 지속되었으며, 봉건제도 수백 년 또는 천 년 가까이 지속
되었다. 자본제는 이제 길어야 500년, 짧으면 200년 정도 된 시
스템이다. 분명 이 또한 지나갈 것이다! 문제는 변화가 정말 생
각보다 더디게 진행된다는 점이다. 게다가 우리네 인생은 길어
야 80년밖에 되지 않는다. 그래서 역사를 알아야 하고 체계적
후세 교육도 필요하다. 당대에 못 하면 후세가 이어가면 된다.
캐나다의 데이비드 맥널리 선생은 『글로벌 슬럼프』에서 혁명가
빅토르 세르주의 자서전을 다음과 같이 인용하고 있다. "내일
은 분명 위대한 일이 많이 일어날 것이다. 보다 더 위대할 것이
다. 우리는 완벽한 승리가 결코 거저 얻어지는 것이 아님을 안
다. 우리가 못하면 분명히 우리와 같은 다른 이들이 할 것이다.

우리는 설익은 승리를 만들진 않을 것이다. 오히려 더 강력하게 (…) 그리하여 마침내 이 도시를 접수할 것이다. 설사 우리가 패퇴하더라도 또 다른 이들이 나설 것이다. 설사 우리 세대에서 하지 못한다 해도, 이 도시는 우리들의 손에서 아니라, 최소한 우리와 같은 사상을 가진, 그러나 더 강고한 후손들에 의해 언젠가 장악될 것이다."

그렇게 '현명한 고집'을 가진 소신 있는 사람들이 대를 이어 나오는 한, 그리고 그런 사람들이 7전8기의 정신으로 일관되게 뭉치는 한, 역사 변화의 전망, 노동의 자유, 노동해방의 전망은 결코 꺾이는 법이 없다. 시간이 걸리더라도 그렇게 될 때 비로소 우리는 모두가 즐겁게 일하고 행복하게 사는 사회를 만들 수 있을 것이다.